コーチと入試対策！ **8**日間 完成

中学1・2年の総まとめ
社会

JN022195

◀ **この本のコーチ**
・健康に気をつけている。
・きれい好き。
・気になることはすぐ調べる。

付録

● 応援日めくり

写真提供：アフロ／宮内庁三の丸尚蔵館／ColBase（https://colbase.nich.go.jp/）／正倉院正倉／東京国立博物館 Image: TNM Image Archives

←コーチ？

ある日の
○△中学校の
写真部部室

バタバタバタ…

たたたたいへんだー

なに!?
急に・・・

3年生って…
高校入試
あるじゃん…

部活がたのしすぎて1年生も
2年生も定期テストの前の日
しか勉強してこなかったんだ！
終わったら終わったで見直し
もしないまま遊びに行って
部活ばかり！春休みも冬休
みも部活遊びブカツアソビ
BUKATSUASOBI...
入試なんて…

でき
ないよ〜
〜〜

できないよ〜〜〜
デキナイヨォ〜

○○撮影

ちょっ…
ちょっとおちついて

ヒュン
ヒュン
ヒュン

まてよ… 私も
入試対策なんて
何もしていない

ぁぁぁ…

ヒュン
ヒュン
ヒュン

アドバイス
できない…
困った…

えっ

ピ
ピーッ!!

スタッ

えっ

Point ①

要点 を確認しよう で

最重要事項を確認！

攻略のキーワードで
重要ポイントを
サクッとチェック！

ヒントやアドバイス
もついてるよ！

キーワード
から選ぶん
だね！

これって
穴埋め終わったら
単元のまとめ
になる！
あとで見直す
のにいいじゃん！

Point ②

問題 を解こう で

実力チェック！

ゴクリ

時間をはかって100点
満点のテストにチャレンジ！

テーマ別に
4ページ×8日間！
すっきり頭に
入っちゃうヨ！

あの～

問題集の解答解説
てさ，字が多くて
答え合わせで
わからなく
なっちゃうときが
あるんだけど…。

わかる―

ウン
ウン

Point ③

縮刷解答で答え合わせの
モヤモヤをすっきり解決！

問題ページにそのまま
答えが書いてある！

うれしい

もちろん
解説もある…
なんて
親切なんだ！

Point ④

点数を
記録して
弱点を発見！

ふりかえり
シート
もあるよ！

8日間ふりかえりシ

チラリ

1日4ページ

⇐ **1日目〜8日目** ⇒

最後は巻末の
「テーマ別のまとめ」
をチェック！

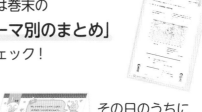

要点 を確認しよう　　問題 を解こう

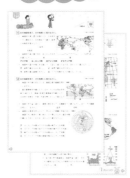

その日のうちに
「応援日めくり」
で毎日テスト！

**「ふりかえり
シート」**
で苦手を把握！

1日目 世界と日本のすがた・人々の生活

まずは世界全体のことから学習していきましょう。

解答 > p.2 ～ 3

要点 を確認しよう　〔　〕にあてはまる語句を，攻略のキーワード 🔑 から選んで書きましょう。

1-1 世界のすがた　──六大陸と三大洋，六つの州

🔑 **オーストラリア　ユーラシア**

- 六大陸…世界最大の〔①　　　　　　〕大陸，世界最小の〔②　　　　　　〕大陸。
- 三大洋…最も広い**太平洋**，**大西洋**，**インド洋**。
- 六つの州…アジア州，ヨーロッパ州，アフリカ州，北アメリカ州，南アメリカ州，オセアニア州。

六大陸と三大洋

ユーラシア大陸は，ロシアのウラル山脈より西がヨーロッパ州，東がアジア州に分かれています。

1-2 世界のさまざまな国

🔑 **中国　バチカン市国　内陸国　島国**

- 国土が海に囲まれている〔③　　　　　　〕（海洋国）と，すべて陸地で他の国と接している〔④　　　　　　〕がある。
- 最も面積が大きい国は**ロシア連邦**，小さい国は〔⑤　　　　　　〕。
- 人口が多い国は〔⑥　　　　　　〕や**インド**。

1-3 地球上の位置　──東西の経度と南北の緯度で表す

🔑 **赤道　経線　本初子午線**

- **経度**は地球を東西に分ける角度。北極点と南極点を結ぶ線が〔⑦　　　　　　〕。経度0度の経線を〔⑧　　　　　　〕。
- **緯度**は地球を南北に分ける角度。同じ緯度を結んだ線が**緯線**。緯度0度の緯線が〔⑨　　　　　　〕。

経度・経線と緯度・緯線

1-4 地球儀と世界地図　──地図の特徴

🔑 **距離　緯線**

- 〔⑩　　　　　　〕と経線が直角に交わった地図→航海図
- 中心からの〔⑪　　　　　　〕と方位が正しい地図→航空図

中心からの距離と方位が正しい地図

2-1 日本のすがた　──日本の位置を経度と緯度で表す

🔑 **東経　ユーラシア　北緯**

- 日本は〔⑫　　　　　　〕122度～154度，〔⑬　　　　　　〕20度～46度の間，〔⑭　　　　　　〕大陸の東に位置する。

中心の東京から，真東に進むと南アメリカ大陸だね。

2-2 時差 ——経度 15 度につき 1 時間の時差

🔑 **東経 135 度　時差**

- イギリスのロンドンを通る，経度 0 度の本初子午線を基準とする。経度 15 度で 1 時間の[⑮ 　　　　　]が生じる。日本の**標準時子午線**は，兵庫県明石市（あかし）を通る[⑯ 　　　　　]の経線。

日本とロンドンの時差は（135−0）÷15＝9となり，9時間の時差となるよ。

2-3 日本の領域

🔑 **38 万　排他的（はいた）経済水域　領空**

- 日本の面積は約[⑰ 　　　　　] km²。
- 日本の領域は，**領土，領海**，[⑱ 　　　　　]からなる。
- 日本は島国のため，領海の外側にある沿岸から 200 海里までの海域の[⑲ 　　　　　]は広い。

日本の領域と排他的経済水域

択捉島
太平洋
東シナ海
排他的経済水域
与那国島　　沖ノ鳥島　南鳥島

3-1 気候帯とくらし ——赤道から順に暑い→寒い

🔑 **温帯　熱帯　寒帯**

- [⑳ 　　　　　]…一年中，氷と雪に覆（おお）われている。
- **亜寒帯（あ かんたい）（冷帯）**…短い夏と寒さの厳しい冬。
- [㉑ 　　　　　]…一年中，温暖。
- **乾燥帯（かんそう）**…降水量がほとんどない。
- [㉒ 　　　　　]…一年中気温が高く，降水量も多い。
- **高山気候**…標高が高いため，同じ緯度の地域より気温が低い。

世界の気候帯

🔲高山気候
■熱帯　□乾燥帯　■温帯　■亜寒帯（冷帯）　■寒帯

3-2 宗教とくらし ——世界三大宗教

🔑 **仏教　キリスト教　イスラム教**

- [㉓ 　　　　　]…教典は「聖書」。日曜日には教会に行く。
- [㉔ 　　　　　]…教典は「コーラン」。1 日 5 回，聖地メッカに向かって祈る。
- [㉕ 　　　　　]…教典は「経（きょう）」。
- **ヒンドゥー教**…インドの民族宗教で，牛を神聖な動物とする。

世界中に信者がいることから，仏教，キリスト教，イスラム教を世界三大宗教というよ。

世界の宗教分布

■キリスト教　■ヒンドゥー教
□イスラム教　□その他の宗教
■仏　教　　（注）斜線の地域は、複数の宗教の混合地域

ここで学んだ内容を次で確かめよう！

7

問題を解こう

100点　30分

1 右の地図を見て，次の各問いに答えなさい。 5点×5(25点)

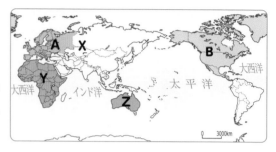

(1) 地図中の**X**〜**Z**の大陸のうち，三大洋すべてに囲まれている大陸を１つ選び，記号と大陸名を答えなさい。

記号（　　　　　）

大陸名（　　　　　）

(2) 地図中の**A**と**B**の州を，あとからそれぞれ選びなさい。　　A（　　　　　）　B（　　　　　）

アジア州　　ヨーロッパ州　　北アメリカ州　　オセアニア州

(3) 地図中の**Z**の大陸にある国について正しく述べたものを，次から１つ選びなさい。

ア 世界で最も人口が多い。　　**イ** 世界で最も人口が少ない。　　（　　　　　）

ウ 世界で最も面積が大きい。　**エ** １つの大陸が１つの国となっている。

2 右の地図を見て，次の各問いに答えなさい。 5点×5(25点)

(1) 地図１中の**A**が示している，経度０度の経線を何といいますか。
（　　　　　）

地図1

(2) **A**を標準時子午線としているロンドンが４月４日午前11時のとき，東経135度を標準時子午線としている日本の日時を，午前・午後を明らかにして答えなさい。
（　　　　　）

(3) 地図１中の**a**〜**d**から，緯度０度を示している緯線を１つ選びなさい。また，その緯線を何といいますか。　　記号（　　　　　）　名称（　　　　　）

(4) 地図２は東京を中心とした，中心からの距離と方位が正しい地図です。東京から東に向かって一周したときに通る大陸の順として正しいものを，次から１つ選びなさい。

地図2

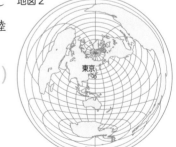

（　　　　　）

ア ユーラシア大陸→アフリカ大陸→南アメリカ大陸

イ ユーラシア大陸→北アメリカ大陸→南アメリカ大陸

ウ 南アメリカ大陸→アフリカ大陸→ユーラシア大陸

エ オーストラリア大陸→南極大陸→ユーラシア大陸

②(4) 「東」に向かって進むということは，地図2で「右」に向かって進むということだよ。

3 右の資料を見て，次の各問いに答えなさい。

5点×5 (25点)

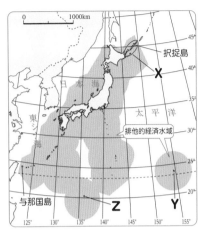

(1) 地図中の**X**は，日本の最北端の島を含む地域です。現在，ロシア連邦に不法に占拠されている**X**の地域を何といいますか。 （　　　　　　）

(2) 地図中の**Y**は日本の最東端，**Z**は日本の最南端の島です。**Y**と**Z**の島を，あとからそれぞれ選びなさい。

Y（　　　　　　） **Z**（　　　　　　）

沖ノ鳥島　　竹島　　対馬　　南鳥島

(3) 地図中の排他的経済水域について正しく述べたものを，次から1つ選びなさい。 （　　　　）

ア 沿岸国の主権がおよぶ領域である。

イ 沿岸国に水産資源を利用する権利がある。

ウ どの国でも自由に航行や漁業などができる。

(4) 資料を見て，日本の排他的経済水域が，国土面積のわりに大きい理由を，簡単に答えなさい。

（　　　　　　　　　　　　　　　　　　　　　　　　　）

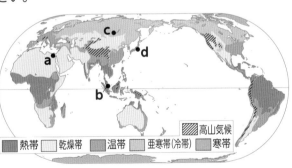

資料

アメリカ合衆国

排他的経済水域の面積 762万km² ─国土面積

983万km²

日本 38万km²

447万km²

4 右の資料を見て，次の各問いに答えなさい。

5点×5 (25点)

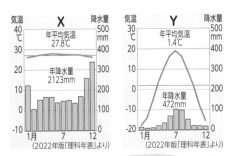

(1) 日本の大部分が属する気候帯を何といいますか。 （　　　　　　）

(2) 熱帯と乾燥帯の気候帯の様子としてあてはまるものを，あとからそれぞれ選びなさい。

熱帯（　　　　　　）

乾燥帯（　　　　　　）

ア うっそうとした森がしげっている。

イ 一年中解けない永久凍土が広がる。

ウ オアシスという水を得られる場所がある。

エ 一年中温暖で一定の雨が降る。

(3) 右の**X**と**Y**の雨温図は，地図中**a**〜**d**のいずれかの都市のものです。どの都市のものかそれぞれ選びなさい。 **X**（　　　　　　） **Y**（　　　　　　）

2 日目 世界の諸地域

世界の六つの州を見ていきましょう。

要点 を確認しよう 〔　〕にあてはまる語句を，攻略のキーワード🔑から選んで書きましょう。

❶ アジア州 ——工業化と都市化

🔑 季節風　プランテーション　石油　仏教　経済特区

アジア州の主な国々

- 自然…東部は**温帯**。〔① 　　　　　〕の影響で**四季**がある。南部や南東部は**熱帯**。**雨季**と**乾季**。内陸部は乾燥帯。

- 人口…世界の約６割。中国やインドは 10 億人以上。

- 文化…東アジアでは〔② 　　　　　〕，西・中央・東南アジアの一部はイスラム教。インドは**ヒンドゥー教**。

- 農業…雨の多い地域では稲作。東南アジアでは，バナナやアブラヤシなどの〔③ 　　　　　〕（大農園）。

- 工業…中国沿海部で外国企業を受け入れる〔④ 　　　　　〕。東南アジアの急速な**工業化**。西アジアでは〔⑤ 　　　　　〕の産出が多く，産油国で**石油輸出国機構（OPEC）**を結成。

インドでは，情報通信技術（ICT）産業が発達しているよ。

- つながり…東南アジアの**東南アジア諸国連合（ASEAN）**。

❷ ヨーロッパ州 ——ヨーロッパ連合による結びつき

🔑 ヨーロッパ連合　ユーロ　キリスト教

ヨーロッパ州の主な国々

- 自然…西部は比較的温暖，南部は夏は乾燥し冬に降水。

- 文化…大部分が〔⑥ 　　　　　〕を信仰。

- 農業…地中海沿岸では夏にかんきつ類やオリーブ，北部では酪農，フランスやドイツでは穀物栽培。

- 工業…ヨーロッパの国では共同で航空機などを生産。

- つながり…多くの国が〔⑦ 　　　　　〕（**EU**）に加盟。多くの加盟国で共通通貨の〔⑧ 　　　　　〕を導入。

❸ アフリカ州

🔑 サハラ砂漠　モノカルチャー　レアメタル

アフリカ州の主な国々

- 自然…中央は**熱帯**，その北に〔⑨ 　　　　　〕が広がる。

- 産業…**植民地**だったころからの**プランテーション農業**。特定の農作物や鉱産資源，〔⑩ 　　　　　〕（希少金属）の輸出にたよる〔⑪ 　　　　　〕**経済**。

④ 北アメリカ州 ────世界最大の農業，工業国－アメリカ

🔑 **シリコンバレー　企業的（きぎょう）　サンベルト　適地適作（てきちてきさく）**

- 自然…西経100度より西は乾燥，東は一定の降水量。
- 文化…大部分が**キリスト教**を信仰。
- アメリカの農業…自然環境に応じた [⑫　　　　　　　]。広大な農地を少ない労働力で経営する [⑬　　　　　　] **な農業**。**バイオテクノロジー**の活用。
- アメリカの工業…北緯37度以南（ほくい）の [⑭　　　　　　　] で発達。サンフランシスコ郊外の [⑮　　　　　　　] に**情報通信技術（ICT）産業**が集中。
- アメリカの人種・民族…先住民（せんじゅうみん），**移民**による多様な人種。スペイン語を話す**ヒスパニック**。ICT産業に就（つ）くアジア系の増加。
- つながり…米国・メキシコ・カナダ協定（USMCA）。

北アメリカ州の主な国々

0　3000km

カナダ

アメリカ
合衆国

メキシコ

アメリカ合衆国は
世界中に農産物を
輸出しています。

⑤ 南アメリカ州 ────日本から最も遠い大陸

🔑 **焼畑農業　アマゾン　バイオ燃料**

- 自然… [⑯　　　　　　　] 川流域に**熱帯林**（ねったいりん）。開発などによる減少。
- 文化…ヨーロッパとアフリカの文化が混（ま）じり合う。
- 農業…森林を焼いた灰を肥料にして行う [⑰　　　　　　　]。ブラジルでは，さとうきびを原料にした**再生可能エネルギー**である [⑱　　　　　　　] の生産→**持続可能な開発**が求められる。
- 産業…ベネズエラの石油，チリの銅（どう），ブラジルの鉄鉱石（てっこうせき）など。
- 人種・民族…**先住民**。先住民と白人の混血であるメスチーソ。

南アメリカ州の主な国々

ベネズエラ

エクアドル

ペルー

チリ

ブラジル

アルゼンチン

0　2000km

バイオ燃料は地球温暖化対
策で注目されているよ。

⑥ オセアニア州

🔑 **サンゴ礁（しょう）　アジア州　アボリジニ**

- 自然…オーストラリアの大部分は乾燥帯。太平洋の島々は，火山島と [⑲　　　　　　　] からなる。
- 産業…農業は牧牛，牧羊などの牧畜。オーストラリアは，鉄鉱石や石炭などの鉱産資源が豊富。
- つながり…イギリスの**植民地**（はくごう）だったが，1970年代に**白豪主義**（しゅぎ）をやめ， [⑳　　　　　　　] と関係が深くなった。
- 人種…オーストラリアの先住民は [㉑　　　　　　　]，ニュージーランドの先住民は**マオリ**。

オセアニア州の主な国々

パプアニューギニア

キリバス

ツバル

オーストラリア

フィジー

ニュージーランド

0　2000km

ここで学んだ内容を
次で確かめよう！

 問題 を解こう

100点

1 右の資料を見て，次の各問いに答えなさい。

4点×5（20点）

(1) 地図中の→が示す，季節ごとにふく向きが変わる風を何といいますか。　（　　　　　）

(2) 地図中Xの国で広く信仰されている宗教を，あとから1つ選びなさい。　（　　　　　）

　ヒンドゥー教　仏教　イスラム教　キリスト教

(3) グラフは，地図中A〜Dのいずれかの国の輸出品の変化を示したものです。グラフの表している国を1つ選び，記号と国名を答えなさい。

　記号（　　　　）　国名（　　　　　　　　　）

(4) A〜Dの国々が加盟している，東南アジア諸国連合の略称をアルファベットで答えなさい。

　（　　　　　　　　　）

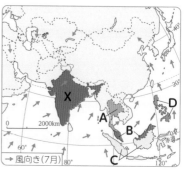

	天然ゴム			機械類 6.0	
1980年 65億ドル	米 14.7%	野菜 11.5	9.3 8.5		その他 50.0

			自動車	すず プラスチック 4.7	
2018年 2525億ドル	機械類 31.2%	12.1			その他 52.0

0　20　40　60　80　100 %
(2020/21年版「世界国勢図会」ほかより)

2 右の資料を見て，次の各問いに答えなさい。

5点×6（30点）

(1) 資料中のXの国々で構成されている地域組織の略称をアルファベットで答えなさい。また，それらの国々で導入されている共通通貨を答えなさい。

　略称（　　　　　　　）　通貨（　　　　　　　）

(2) 次の説明文にあてはまる国を，A〜Dから1つ選び，国名と合わせて答えなさい。

　記号（　　　　）　国名（　　　　　　　　　）

「首都はパリで，小麦の世界有数の生産国である。」

X ▭

(3) 右のグラフは，アフリカ州の2つの国の輸出品を示したものです。次の①・②の問いに答えなさい。

① aにあてはまる，プランテーションで栽培されている農作物を，次から選びなさい。

　バナナ　カカオ豆　オレンジ　オリーブ　（　　　　　　　）

② モノカルチャー経済とはどのような経済か，グラフを参考にして，簡単に答えなさい。

　（　　　　　　　　　　　　　　　　　　）

	石油製品			石油 6.0	
コートジボワール 118億ドル	a 27.5%	9.8	8.5		その他 35.0

	金（非貨幣用）6.8 カシューナッツ			天然ゴム 6.4 液化天然ガス その他	
ナイジェリア 624億ドル	石油 82.3%			9.9	7.8

0　20　40　60　80　100 %
(2018年)　(2020/21年版「世界国勢図会」より)

---

3 右の資料を見て，次の各問いに答えなさい。

5点×7（35点）

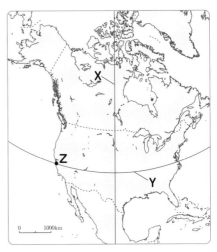

(1) 地図中の**X**の経度，**Y**の緯度を，次の文を参考にして答えなさい。

　　X（西経　　　　　度）　**Y**（北緯　　　　　　度）

　　X：この経線の西側は乾燥し，東側では一定の降水量がある。

　　Y：この緯度以南は，サンベルトとよばれている。

(2) スペイン語を話す，中南米からアメリカ合衆国への移民を何といいますか。（　　　　　　　）

(3) アメリカで行われている企業的な農業を，「農地」「労働力」という語句を使って，簡単に説明しなさい。

　　（　　　　　　　　　　　　　　　　　　　　）

(4) **Z**のシリコンバレーの説明としてあてはまるものを，次から1つ選びなさい。（　　　）

　　ア　石油化学や航空宇宙産業が発達している。

　　イ　古くから石炭を利用した鉄鋼業が発達した。

　　ウ　近年，情報通信技術（ICT）産業が集中している。

(5) 右のグラフを見て，次の問いに答えなさい。

　　① グラフの□□□にあてはまる，植物を原料として作られる燃料を何といいますか。

　　　　（　　　　　　　　　　　）

　　② ①などの再生可能エネルギーへの転換が行われている理由を，次から1つ選びなさい。（　　　）

　　　　ア　食料生産を増やすため。　　　**イ**　地球温暖化を防ぐため。

　　　　ウ　鉱産資源の採掘を増やすため。　**エ**　熱帯林の保護をすすめるため。

グラフ　世界の□□□の生産量の移り変わり

（OECD-FAO資料より）

---

4 右の資料を見て，次の各問いに答えなさい。

5点×3（15点）

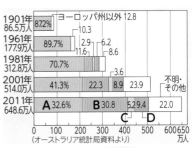

(1) ①オーストラリアと②ニュージーランドの先住民を答えなさい。

　　①（　　　　　　　　）　②（　　　　　　　　）

(2) 右のグラフは，オーストラリアへの移民の割合の移り変わりを示したものです。**A**～**D**のうち，アジア州を表しているものを1つ選びなさい。（　　　）

（オーストラリア統計局資料より）

2日目はここまで！

13

日本をさまざまな特色から見てみましょう。

解答 > p.6～7

要点 を確認しよう　〔　〕にあてはまる語句を，攻略のキーワード🔑から選んで書きましょう。

① 地形図のきまり

🔑 縮尺　等高線

- 実際の距離を縮小した割合を〔① 　　　　　　　〕という。

  通常，地形図は上が北。土地の高さは，同じ標高を結んだ

  〔② 　　　　　　　〕でわかる。

主な地図記号

田	◎ 市役所 東京都の区役所
畑	Ψ 消防署
果樹園	⊕ 郵便局
茶畑	✿ 発電所・変電所
広葉樹林	✕ 小・中学校
針葉樹林	⊗ 高等学校
	⊞ 病院
	老人ホーム
	⊞ 神社
	卍 寺院
	図書館
	博物館・美術館

② 日本の地形　——山がちな地形

🔑 リアス海岸　日本アルプス　三角州　扇状地

- 日本列島は**環太平洋造山帯**にふくまれ，火山や地震が多い。
- 山地…本州の中央にある飛驒・木曽・赤石山脈は〔③ 　　　　　　　〕

  とよばれる。③の東側には**フォッサマグナ**が走る。

フォッサマグナの東側では南北に，西側では東西に山脈が走っているよ。

- 河川…世界の大陸の河川と比べると，流れが急で距離が短い。
- 平地…河川が山地から平地に出たところにできる〔④ 　　　　　　　〕，

  海に出るところにできる〔⑤ 　　　　　　　〕。
- 海岸…奥行きのある湾と岬が続く〔⑥ 　　　　　　　〕。

日本の気候区分

③ 日本の気候　——日本の大部分は温帯

🔑 季節風　　温暖湿潤

- 日本の大部分は，温帯の中でも，四季がはっきりある

  〔⑦ 　　　　　　　〕気候に属する。〔⑧ 　　　　　　　〕

  の影響で，夏は太平洋側で，冬は日本海側で降水量が多い。
- 南西諸島は**亜熱帯**，北海道は**亜寒帯（冷帯）**。

④ 日本の人口問題　——少子高齢化の進行

🔑 過疎　高齢化　少子化

- 日本では高齢者の割合が増加する〔⑨ 　　　　　　　〕

  と，子どもの数が減少する〔⑩ 　　　　　　　〕が同時

  に進む。現在の日本の**人口ピラミッド**はつぼ型。
- 都市部では人口が集中する**過密**，農村部では人口が

  流出する〔⑪ 　　　　　　　〕が見られる。

社会が発展すると，富士山型→つりがね型→つぼ型に移行するよ。

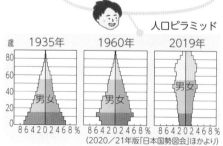

人口ピラミッド

(2020／21年版「日本国勢図会」ほかより)

❺ 日本の資源・エネルギー問題 ──── 日本は資源の輸入大国

🔑 再生可能　火力発電　リサイクル

- 鉱産資源の一つである**石油**はペルシア湾岸で産出が多い。日本は，資源の輸入が多く，**エネルギー自給率**が低い。
- 日本の発電方法は〔⑫　　　　　　　〕が最も多い。温室効果ガスを排出しない**原子力発電**は，安全性に課題がある。
- **地球温暖化**を防ぐため，風力や地熱などの〔⑬　　　　　　　〕**エネルギー**を利用する取り組みが始まっている。資源を大切にするため，〔⑭　　　　　　　〕も進められている。

日本の主な発電所の分布

◇ 水力発電所
♨ 火力発電所
■ 原子力発電所
🎏 風力発電所
♨ 地熱発電所

（2017年現在）
※2020年現在で廃炉が決定した発電所を除く。

（「電気事業便覧」2017年版ほかより）
0　　300km

❻-1 日本の農業・漁業 ──── 第一次産業

🔑 食料自給率　養殖漁業　近郊農業

- 大都市の周辺では，新鮮さが求められる〔⑮　　　　　　　〕が発達。
- 暖かい地方では出荷時期を早める**促成栽培**，涼しい地方では出荷時期を遅らせる**抑制栽培**が盛ん。日本は，食料の輸入が多く，〔⑯　　　　　　　〕が低い。
- **遠洋漁業**や**沖合漁業**は減少し，近年は育てる漁業である〔⑰　　　　　　　〕・**栽培漁業**が重要になっている。

火力発電所と原子力発電所は沿岸部，水力発電所は内陸部にあります。ハイッ

京浜・中京・阪神工業地帯は三大工業地帯ともよばれているよ。

日本の主な工業地帯・地域

工業地帯・工業地域
0　　200km

北陸工業地域
北関東工業地域
瀬戸内工業地域
京浜工業地帯
北九州工業地域
京葉工業地域
東海工業地域
阪神工業地帯
中京工業地帯
太平洋ベルト

❻-2 日本の工業 ──── 製造業や建築業は第二次産業

🔑 加工貿易　太平洋ベルト　産業の空洞化

- 関東地方から北九州にかけて，臨海型の帯状の工業地域〔⑱　　　　　　　〕が形成。高速道路などの交通網の整備により，内陸部にも工業地域が進出した。
- かつては，工業原料を輸入し工業製品を輸出する〔⑲　　　　　　　〕が盛ん。近年，企業が海外に工場を移転し，〔⑳　　　　　　　〕が問題になっている。

パソコン，インターネット，スマートフォン，タブレットの普及率の推移

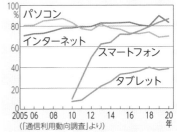

パソコン
インターネット
スマートフォン
タブレット

2005 06　08　10　12　14　16　18　20年
（「通信利用動向調査」より）

❻-3 日本の商業・サービス業 ──── 第三次産業

🔑 ICT　第三次産業

- 日本では，商業や**サービス業**など〔㉑　　　　　　　〕に従事する人が多い。インターネットの普及により，**情報通信技術**（〔㉒　　　　　　　〕）産業が発達。企業は**三大都市圏**に集中。

ここで学んだ内容を次で確かめよう！

3日目

問題 を解こう

 100点

1 右の資料を見て，次の各問いに答えなさい。

4点×8 (32点)

(1) 日本列島が造山帯に位置することから多い自然災害を，次から2つ選びなさい。
（　　　）（　　　）

ア　火山の噴火　　イ　冷害
ウ　洪水　　　　　エ　地震

資料1

資料2

(2) 資料1・2は川がつくる地形です。それぞれ何という地形か答えなさい。

資料1（　　　　　）　資料2（　　　　　）

(3) 資料3は，日本と世界の川の比較を示したグラフです。世界の川とくらべた日本の川の特徴を，簡単に答えなさい。

（　　　　　　　　　　　　　　　　　）

資料3
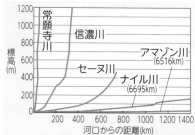

(4) 地図中の→は季節ごとにふく向きが変わる風です。この風を何といいますか。（　　　　　　）

(5) 資料4の①・②の雨温図は，地図中のa～dのいずれのものか，それぞれ選びなさい。
①（　　　）
②（　　　）

資料4
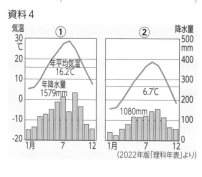
(2022年版「理科年表」より)

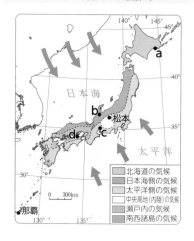

2 右の資料を見て，次の各問いに答えなさい。

6点×3 (18点)

(1) 右のア～ウの人口ピラミッドを，年代の古い順に並べなさい。
（　　　→　　　→　　　）

(2) 日本の過疎の地域で見られる現象を，次から2つ選びなさい。（　　　）（　　　）

ア　騒音やごみ問題などが生まれる。　イ　病院や学校が廃止される。
ウ　中心部の地価が上昇する。　　　　エ　人口が流出し，高齢化が進む。

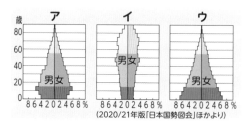
(2020/21年版「日本国勢図会」ほかより)

3 右の資料を見て，次の各問いに答えなさい。

6点×3（18点）

(1) グラフの**a**〜**c**のうち，原子力発電を表しているものを１つ選びなさい。（　　　）

(2) ①火力発電，②原子力発電の特徴を，次からそれぞれ選びなさい。

①（　　　）②（　　　）

ア 発電時に二酸化炭素を排出しない。

イ 再生可能エネルギーとして注目されている。

ウ 温室効果ガスの排出が多い。

エ ダムが必要なため，内陸部に位置する。

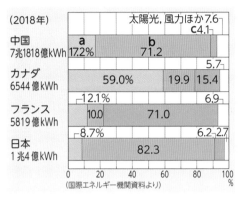

4 次の各問いに答えなさい。

4点×8（32点）

(1) 稲作が特に盛んなところを，次から２つ選びなさい。

（　　　）（　　　）地方

東北　北陸　関東　九州

(2) 近郊農業が大都市周辺で発達している理由を，次から１つ選びなさい。（　　　）

ア 暖かい気候を利用して，早く出荷できるから。

イ 狭い土地でも野菜の生産はできるから。

ウ 涼しい気候を利用して，遅く出荷できるから。

エ 市場に近く，新鮮なまま出荷できるから。

(3) 資料１の**ア**〜**エ**から，①米，②魚介類にあてはまるものを，次の文を参考にして，それぞれ選びなさい。　①（　　　）②（　　　）

① 自給率がほぼ100％である。

② ４つのうち，最も急激に自給率が低下した。

資料１　食料自給率の移り変わり

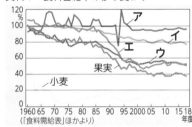

（「食料需給表」ほかより）

資料２　主な工業地帯・地域の工業出荷額

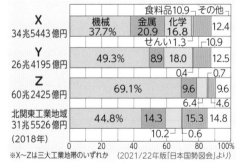

※X〜Zは三大工業地帯のいずれか　（2021/22年版「日本国勢図会」より）

(4) 資料２の**X**〜**Z**のうち，中京工業地帯にあてはまるものを選びなさい。（　　　）

(5) 北九州から関東にかけて臨海型の工業地域が発達した帯状の地域を何といいますか。

（　　　　　　　　　　　　　　）

(6) 資料２の北関東工業地域は，三大工業地帯と違い，内陸部に発達した工業地域です。内陸部に工業地域が進出することになった理由を，簡単に答えなさい。

（　　　　　　　　　　　　　　　　　　　　　　　　　　　　　　）

4日目 日本の地方

日本の七つの地方にはそれぞれ特色があります。

解答 > p.8 ～ 9

要点を確認しよう　〔　〕にあてはまる語句を，攻略のキーワード🔑から選んで書きましょう。

① 九州地方　——火山のめぐみの活用

🔑 **促成栽培（そくせいさいばい）　カルデラ　地熱発電**

- 自然…**火山**が多く，阿蘇山（あそ）には世界最大級の〔① 　　　　　　　〕が見られる。火山の熱を利用した〔② 　　　　　　　〕が盛んで，温泉も多い。南西諸島（なんせい）では**サンゴ礁（しょう）**が発達している。
- 産業…かつて，八幡製鉄所（やはたせいてつじょ）がつくられたことから，**北九州工業地域（地帯）**が発達。筑紫平野（つくし）は**稲作**地帯で，米の裏作に麦をつくる**二毛作**が盛ん。宮崎平野は，暖かい気候を利用した〔③ 　　　　　　　〕が盛ん。南部の**シラス**では畜産（ちくさん）が盛ん。

九州地方の地形

② 中国・四国地方　——本州四国連絡橋による変化

🔑 **ため池　石油化学　過疎（かそ）**

- 自然…瀬戸内地域は少雨のため，農業用水を確保するために〔④ 　　　　　　　〕が多い。
- 人口…**本州四国連絡橋（ほんしゅうしこくれんらくきょう）**の開通により，人口が大都市へ移動し，地方の商業（しょうぎょう）の落ち込みが見られる。山間部や離島では〔⑤ 　　　　　　　〕が進み，**地域おこし**が行われる。
- 産業…瀬戸内工業地域では，倉敷（くらしき）や水島で〔⑥ 　　　　　　〕**コンビナート**が発達。高知平野では，**促成栽培**が盛ん。

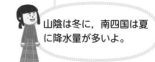

沖縄では自然を生かした観光業が盛んだよ。

中国・四国地方の地形

③ 近畿地方　——古代に都が置かれた歴史ある地域

🔑 **中小企業（きぎょう）　大阪大都市圏（けん）**

- 自然…志摩半島（しま）や若狭湾（わかさわん）で**リアス海岸**が見られる。
- 都市…大阪を中心に〔⑦ 　　　　　　　〕を形成。大阪市では，臨海部の**再開発**が進む。過密による騒音（そうおん）などの問題。郊外にはかつて**ニュータウン**がつくられた。
- 歴史…京都や奈良には古代に都が置かれていたため，歴史的な景観を守るための条例（じょうれい）が定められている。
- 産業…大阪湾の臨海部に**阪神工業地帯（はんしん）**が発達している。東大阪市（ひがしおおさか）では技術力のある〔⑧ 　　　　　　　〕が多い。

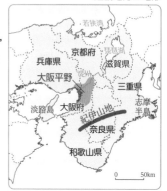

山陰は冬に，南四国は夏に降水量が多いよ。

近畿地方の地形

④ 中部地方 ──── 日本の工業の中心地域

🔑 **地場産業　輸送機械工業　高原野菜　施設園芸農業**

中部地方の地形

- 地域…北陸，中央高地，東海の3つの地域に分けられる。
- 北陸…冬の副業として〔⑨　　　　　　　〕や**伝統産業**が発達。
- 中央高地…高地では，涼しい気候を利用した〔⑩　　　　　　　〕の栽培。長野県のりんご，甲府盆地でぶどうやももの果樹栽培。
- 東海…名古屋市を中心に**名古屋大都市圏**を形成する。**中京工業地帯**は〔⑪　　　　　　　〕が盛んで，日本一の生産額をほこる。名古屋港から自動車の輸出。渥美半島では電照菊など〔⑫　　　　　〕が盛ん。静岡県には**東海工業地域**が広がる。

関東平野には火山灰土の関東ロームが広がっているよ。

⑤ 関東地方 ──── 日本の中心となる地域

🔑 **近郊農業　京浜工業地帯　首都**

関東地方の地形

- 人口…〔⑬　　　　　　　〕である東京を中心に**東京大都市圏**を形成。通勤や通学で特に昼間に人が集まる。
- 産業…東京は，情報通信産業が集中。東京・神奈川に〔⑭　　　　　　　〕，千葉の東京湾岸に**京葉工業地域**，内陸部に**北関東工業地域**が発達。都市部に野菜を出荷する〔⑮　　　　　　〕が盛ん。

⑥ 東北地方 ──── 伝統行事の多く残る地域

🔑 **潮目　やませ　伝統的工芸品**

東北地方の地形

- 自然…〔⑯　　　　　　　〕がふくと冷害が起こることがある。
- 産業…三陸海岸沖に〔⑰　　　　　　　〕があり，よい漁場である。南部は**リアス海岸**で，天然の良港。近年は**工業団地**も進出。
- 文化…**伝統行事**が多く残る。南部鉄器などの〔⑱　　　　　　〕。

⑦ 北海道地方 ──── 日本の食料供給の大基地

🔑 **酪農　アイヌの人々　世界遺産**

北海道地方の地形

- 民族…先住民の〔⑲　　　　　　　〕。
- 産業…石狩平野では稲作，十勝平野で畑作，根釧台地では〔⑳　　　　　〕。大規模な食料生産が行われている。オホーツク海の**流氷**，〔㉑　　　　　　〕の知床など，観光資源が豊富。

ここで学んだ内容を次で確かめよう！

問題 を解こう

100点　30分

1 右の資料を見て，次の各問いに答えなさい。

4点×8（32点）

(1) 地図中の**W・X**の火山の名前を，それぞれ答えなさい。

W（　　　　　　　　）　X（　　　　　　　）

(2) 地図の**Y**に広がる火山灰土を何といいますか。（　　　　　　　）

(3) 地図中の**Y・Z**の地域で行われている農業についてあてはまるものを，次から選びなさい。　　Y（　　　　）　Z（　　　　）

ア 暖かい気候を利用した促成栽培が盛ん。

イ 米の裏作に麦をつくる二毛作が行われている。

ウ 農地には向かないため，畜産が盛ん。

エ パイナップルなどの果樹栽培が盛ん。

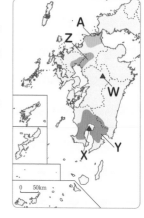

(4) 資料を見て，次の問いに答えなさい。

① 資料は，地図中の**A**の地域を中心に栄えた工業地域のものです。□□□□にあてはまる語句を答えなさい。　　（　　　　　　　）

② 資料中の**a〜d**のうち，機械，金属を示すものをそれぞれ選びなさい。

機械（　　　）　金属（　　　）

資料　□□□工業地域の工業生産の変化

	工業生産額は4人以上の事業所				せんい1.8
1960年 0.6兆円	a 42.7%	b 8.5	c 15.1	d 13.1	その他 18.8
2018年 10.3兆円	16.5%	46.3	6.1	16.9	13.6 0.6

（2021/22年版「日本国勢図会」ほかより）

2 右の地図を見て，次の各問いに答えなさい。

4点×3，(4)は6点（18点）

(1) 地図中の**A〜C**の3つのルートをまとめて何といいますか。

（　　　　　　　　　　）

(2) 資料1の雨温図にあてはまる都市を，地図中の**a〜c**から1つ選びなさい。　　（　　　　　）

(3) **X**の臨海部に広がる工業地帯を何といいますか。（　　　　　　　）

(4) 資料2は京都で見られる街並みの様子です。このような景観が見られる理由を，「条例」という語句を使って，簡単に答えなさい。

（　　　　　　　　　　　　　　　　　　　）

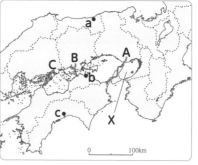

資料1

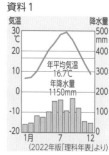

気温　降水量

年平均気温 16.7℃
年降水量 1150mm

（2022年版「理科年表」より）

資料2

②(2) a は日本海側の気候，b は瀬戸内の気候，c は太平洋側の気候だよ。

④(3) X は石狩平野，Y は十勝平野，Z は根釧台地を示しているよ。

3 右の資料を見て，次の各問いに答えなさい。

5点×4（20点）

(1) 資料1中の **X** にあてはまる工業製品を，次から1つ選びなさい。（　　）

ア　鉄鋼　　イ　食料品

ウ　造船　　エ　自動車

(2) 資料2の **Y** にあてはまる果物を，次から1つ選びなさい。（　　）

ア　ぶどう　イ　うめ　ウ　りんご　エ　みかん

資料1　名古屋港の輸出額の内訳

	自動車部品		電気計測機器3.4	
名古屋港 10.4兆円 (2020年)	X 24.6%	16.6	その他 51.3	
			内燃機関4.1	

（2021/22年版「日本国勢図会」ほかより）

資料2　□ Y □ の生産量の県別割合

		山形		福岡4.4
Y 17.3万t (2019年)	山梨 21.4%	長野 18.4	9.5 9.1	その他 37.2
			岡山	

（「果樹生産出荷統計」より）

(3) 地図中の **Z** の地域について，次の問いに答えなさい。

① 伝統的工芸品をつくる産業を何といいますか。（　　　　　　　　　）

② ①や地場産業が **Z** の地域で盛んな理由を，気候に注目して，簡単に答えなさい。

（　　　　　　　　　　　　　　　　　　　　　　　　　　　　　　）

4 右の資料を見て，次の各問いに答えなさい。

5点×6（30点）

(1) 資料1の ▨ の地域について述べた次の文の □①，②にあてはまる語句をあとからそれぞれ選びなさい。

①（　　　　　）　②（　　　　　）

昼間　　夜間

　千代田区など ▨ の地域は，通勤や通学で人が通ってくるため，□①□ 人口よりも □②□ 人口のほうが多い。

(2) 資料2について，夏に→の風がふくと起こる自然災害の内容を，次から1つ選びなさい。（　　）

ア　作物の育ちが悪くなる。　　イ　火山灰が降る。

ウ　集中豪雨が降る。　　　　　エ　津波が起こる。

(3) 資料3の **X**～**Z** の地域でさかんな農業を，次からそれぞれ選びなさい。

X（　　）　**Y**（　　）　**Z**（　　）

ア　酪農　　イ　稲作　　ウ　遊牧　　エ　畑作

資料1　東京23区の昼夜間人口

板橋 (0.9)	北 (1.0)	足立 (1.0)		
練馬 (0.8)	豊島 (1.4)	荒川 (0.9)	葛飾 (0.8)	
杉並 (1.0)	中野 (1.0) 文京 (1.6) 台東 (1.5)(1.1)	墨田 (1.1)	江戸川 (0.8)	
渋谷 (2.4) 新宿 千代田 (14.6)	港 (3.9) 中央 (4.3)	江東 (1.2)		
世田谷 (0.9)	目黒 (1.1) 品川 (1.4)			
大田 (1.0)				

（2015年）

※（　）内の数値は夜間人口を1.0としたときの昼間人口の割合。（「国勢調査報告」平成27年）

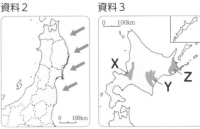

資料2　　　　　資料3

4日目 はここまで！

5日目 人類のはじまり～古代

日木がはじまり，天皇，貴族による政治が行われます。

要点を確認しよう

〔　〕にあてはまる語句を，攻略のキーワード🔑から選んで書きましょう。

1-1 人類の出現 ——人類の進化と道具の発達

🔑 **磨製石器（ませい）　打製石器**

● 猿人（えんじん）が現れた後，旧石器時代に原人が現れ，〔① 　　　　　〕を使う。新人は，新石器時代になり，〔② 　　　　　〕を使う。

打製石器（左）と磨製石器（右）

1-2 古代文明 ——農耕に便利な大河のほとりに発達

🔑 **漢（かん）　象形文字（しょうけい）　甲骨文字（こうこつ）**

● エジプト文明…〔③ 　　　　　〕を発明。

● メソポタミア文明…くさび形文字を発明。

● 中国文明…殷（いん）では，占いに〔④ 　　　　　〕を使用。紀元前3世紀に，秦（しん）の始皇帝（しこうてい）が中国を統一。次の国家の〔⑤ 　　　　　〕は，西方とシルクロード（絹の道）でつながる。

古代文明の発生

1-3 ギリシャ・ローマの文明

🔑 **ポリス　ローマ**

● ギリシャで都市国家（〔⑥ 　　　　　〕）が発達し，民主政が行われる。アレクサンドロス大王の東方遠征で，ヘレニズム文化が生まれる。紀元前27年には，〔⑦ 　　　　　〕が地中海一帯を支配。

古代文明は，すべて大河のほとりに発達しているね。農耕するのに便利な場所だったんだ。

2-1 縄文時代・弥生時代 ——むらがまとまりくにへ

🔑 **稲作　卑弥呼（ひみこ）**

● 縄文時代（じょうもん）には，縄文土器が作られ，人々はたて穴住居に住む。

● 弥生時代（やよい）に〔⑧ 　　　　　〕が広まり，高床倉庫（たかゆか）に稲を保存した。弥生土器が作られた。

● 3世紀，邪馬台国（やまたいこく）の女王〔⑨ 　　　　　〕が魏（ぎ）に使いを送った。

古墳は身分の高い人のお墓だよ。

2-2 古墳時代 ——大きな力を持つ政権ができる

🔑 **大和政権（やまと）　古墳（こふん）**

● 3世紀後半，近畿地方に〔⑩ 　　　　　〕が現れ，全国の豪族（ごう）（ぞく）が，前方後円墳（ぜんぽうこうえんふん）などの〔⑪ 　　　　　〕を造った。

前方後円墳

3-1 聖徳太子の政治 ——天皇中心の国家づくり

🔑 冠位十二階　十七条の憲法

- 聖徳太子（厩戸皇子）は，役人の心構えを[⑫　　　　　　　]で
示し，才能ある人を役人に取り立てるために[⑬　　　　　　　]
の制度をつくった。隋（中国）の文化を学ぶため遣隋使を送る。

飛鳥文化（法隆寺）

飛鳥文化は，聖徳太子
のころに栄えた文化
で，日本で初めての仏
教文化なんだ。

3-2 律令国家への歩みと成立 ——律令の成立

🔑 壬申の乱　大化の改新　大宝律令

- 中大兄皇子と中臣鎌足が[⑭　　　　　　　]を始める。
- 中大兄皇子は白村江の戦いで敗れた後，天智天皇として即位した。
- [⑮　　　　　　　]に勝利した大海人皇子は天武天皇として即位した。
- 701年，[⑯　　　　　　　]が定められ，律令国家となる。

中大兄皇子は，大化の
改新として，土地と人
民を国のものとする公
地・公民を行ったよ。

4-1 奈良時代

🔑 墾田永年私財法　平城京　租

- 710年，[⑰　　　　　　　]に都が移される→奈良時代。
- 班田収授法により，6歳以上の人々に口分田が与えられ，人々は
[⑱　　　　　　　]・調・庸，兵役などを負担した。
- 口分田の不足により[⑲　　　　　　　]が出された→荘園の増加。

遣唐使は中国の唐の制
度や文化を学ぶため送
られた使者です。

4-2 天平文化 ——唐の影響を受けた国際的な文化

🔑 聖武天皇　万葉集

- [⑳　　　　　　　]が国家を仏教で守るため，東大寺
に大仏をつくる。東大寺の正倉院に，遣唐使が持ち帰っ
た品々が保管されている。

天平文化→聖武天皇のころに栄えた
国際的な文化
・歴史書「日本書紀」
・歴史書「古事記」
・地理誌「風土記」
・和歌集「[㉑　　　　　]」

5-1 平安京と摂関政治

🔑 平安京　摂関政治

- 桓武天皇が[㉒　　　　　　　]に都を移す→平安時代。
- 藤原氏が，摂政や関白の地位に就いて，
[㉓　　　　　　　]を行う。

天皇が幼いときは摂政，成人
してからは関白になったよ。

国風文化→仮名文字の発達
・[㉔　　　　　]の「源氏物語」
・[㉕　　　　　]の「枕草子」
・貴族の住まい…寝殿造
浄土信仰…各地に阿弥陀堂

5-2 国風文化 ——日本の感情や風土に合った文化

🔑 紫式部　清少納言

- 遣唐使の派遣延期のあと，国風文化が栄える。

ここで学んだ内容を
次で確かめよう！

100点

問題 を解こう

1 右の年表を見て，次の各問いに答えなさい。

5点×12(60点)

年	主なできごと
239	卑弥呼が魏に使いを送る…………A
	⇕ B
604	聖徳太子が<u>十七条の憲法</u>を定める……C
645	<u>大化の改新</u>が始まる………………D
672	壬申の乱が起こる………………E
	⇕ P
710	都が X に移される
	⇕ Q
743	<u>墾田永年私財法</u>が出される…………F
752	東大寺の大仏が建立される…………G
794	都が Y に移される
	⇕ R
1016	藤原道長が摂政になる………………H

(1) Aの卑弥呼が治めていた国を何といいますか。　（　　　　　　　）

(2) Bの期間のできごとを，次から1つ選びなさい。　（　　　　　　　）

　ア　人々は磨製石器を使い始めた。
　イ　人々は租・調・庸などを負担した。
　ウ　祈るために土偶が作られ始めた。
　エ　古墳の上には埴輪が並べられた。

(3) Cの下線部は，だれに対して出されたものか，次から1つ選びなさい。　（　　　）
　ア　天皇　イ　役人　ウ　農民

(4) Dの下線部の改革を始めた人物を，次から2人選びなさい。
　（　　　　　　　）（　　　　　　　）

　中大兄皇子　　大海人皇子　　中臣鎌足　　蘇我蝦夷

(5) Eの戦いに勝利し，即位した天皇はだれですか。
　（　　　　　　　）

(6) 年表中のX・Yにあてはまる都の名前を答えなさい。
　X（　　　　　　　）　Y（　　　　　　　）

(7) Fの下線部が出された理由を述べた，次の文の□□□にあてはまる語句を答えなさい。
　（　　　　　　　）

　班田収授法により，6歳以上の男女に配っていた□□□が不足してきたから。

(8) Gについて，聖武天皇はどのような目的で大仏を建立したのか，簡単に答えなさい。
（　　　　　　　　　　　　　　　　　　　　　）

(9) Hのころに藤原氏によって行われていた政治を何といいますか。
　（　　　　　　　）

(10) 次のできごとを年表中に加えるとすると，P〜Rのいずれにあてはまるか，答えなさい。
　（　　　　　　　）

　「大宝律令が制定される」

2 右の地図を見て，次の各問いに答えなさい。　　　　4点×5 (20点)

(1) 地図中の**X・Y**にあてはまる河川名を答えなさい。

X（　　　　　　　　）

Y（　　　　　　　　）

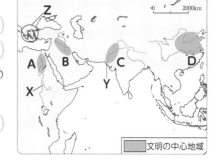

(2) 地図中の**A・D**の文明の様子としてあてはまるものを，次からそれぞれ選びなさい。

A（　　　）　D（　　　）

　ア　月の満ち欠けによる太陰暦が用いられた。

　イ　占いの結果に甲骨文字が使用された。

　ウ　モヘンジョ＝ダロなどの都市遺跡がある。　**エ**　王の墓としてピラミッドが建設された。

(3) 紀元前8世紀ごろ，地図中の**Z**で行われていた政治について述べた，次の文の＿＿＿にあてはまる語句を，あとから1つ選びなさい。　　　　　（　　　　　　）

　アテネでは，市民全員が参加して民会を開いて国のことを決める＿＿＿が行われていた。

　ア　民主政　　**イ**　帝政　　**ウ**　共和政　　**エ**　律令政治

3 右の資料を見て，次の各問いに答えなさい。　　　　4点×5 (20点)

(1) 資料1の上や周囲に置かれていたものを，次から1つ選びなさい。

（　　　　　　）

　ア　土偶　　**イ**　打製石器

　ウ　埴輪　　**エ**　須恵器

資料1

資料2

(2) 資料2の正倉院について，次の問いに答えなさい。

　① 正倉院がある寺院を答えなさい。

（　　　　　　　　　　）

資料3

平仮名	安→安→あ	片仮名	阿→ア
	以→以→い		伊→イ
	宇→宇→う		宇→ウ
	衣→衣→え		江→エ
	於→於→お		於→オ

　② 正倉院に納められている，いくつかの品々を唐(中国)から持ち帰ったのはどのような人々だと考えられますか。（　　　　　　　　　）

(3) 資料3について，この仮名文字を使って書かれた作品を，次からそれぞれ選びなさい。

（　　　　）（　　　　）

　ア　枕草子　　**イ**　万葉集　　**ウ**　古事記　　**エ**　源氏物語

武士による政治の時代が始まります。

6日目 中世（鎌倉時代〜安土桃山時代）

解答 ▶ p.12〜13

要点を確認しよう　〔　〕にあてはまる語句を，攻略のキーワード🔑から選んで書きましょう。

① 武士の成長と院政　──力をつけはじめる武士

🔑 **太政大臣（だいじょう）　院政**

- 源氏（げんじ）や平氏（へいし）などの**武士団**が成長。白河上皇（しらかわじょうこう）が〔① 　　　　　　　〕を始める。**平清盛**（たいらのきよもり）が〔② 　　　　　　　　　　〕となり，平氏が力を持つ。

朝廷や貴族の争いの中で，武士は力を持つようになったよ。

2-1 鎌倉時代の始まり　──鎌倉で武士の政治が始まる

🔑 **地頭　源頼朝（みなもとのよりとも）　奉公（ほうこう）**

- 平氏をほろぼした〔③ 　　　　　　　〕が，全国に〔④ 　　　　　　　〕と**守護**を置き，鎌倉に幕府を開く。将軍と**御家人**（ごけにん）は，御恩（ごおん）と〔⑤ 　　　　　　　　　　〕の関係により主人と従う者として結ばれる。

鎌倉幕府のしくみ

〈中央〉
評定（ひょうじょう）
将軍 — 執権（しっけん）／評定衆 — 侍所（さむらいどころ）／政所（まんどころ）／問注所（もんちゅうじょ）
〈地方〉
六波羅探題／守護／地頭

2-2 北条氏の執権政治

🔑 **御成敗式目（ごせいばいしきもく）　執権（しっけん）**

- 北条氏（ほうじょう）が，〔⑥ 　　　　　　　〕の地位を独占（どくせん）。1221年に**後鳥羽上皇**（ごとば）が**承久の乱**（じょうきゅう）を起こし，乱の後，幕府は京都に**六波羅探題**（ろくはらたんだい）を設置する。**北条泰時**（やすとき）は，武家の慣習を〔⑦ 　　　　　　　〕にまとめる。

承久の乱に勝利したことで，鎌倉幕府の支配は西国にまで広がりました。ハイッ

2-3 鎌倉時代の生活と文化　──素朴で力強い文化

🔑 **定期市（いち）　二毛作（にもうさく）**

- 同じ田畑で米と麦をつくる〔⑧ 　　　　　　　〕が始まる。
- 交通の便利なところで〔⑨ 　　　　　　　〕が開かれる。
- わかりやすく実行しやすい**新しい仏教**が広まる。

鎌倉時代の文化

文学	軍記物「平家物語」和歌集「新古今和歌集」
彫刻	運慶・快慶ら東大寺南大門　金剛力士像
仏教	法然…浄土宗 親鸞（しんらん）…浄土真宗 一遍（いっぺん）…時宗 日蓮…日蓮宗 禅宗　栄西…臨済宗 　　　道元…曹洞宗

2-4 元寇と鎌倉幕府の滅亡

🔑 **足利尊氏（あしかがたかうじ）　元寇（げんこう）**

- 元の皇帝（こうてい）**フビライ・ハン**が2度にわたって攻めてくる。（＝〔⑩ 　　　　　　　〕）
- 幕府は御家人を救うため，**徳政令**を出すが，社会が混乱する。
- **後醍醐天皇**（ごだいご）と幕府に不満を持った〔⑪ 　　　　　　　〕らが，鎌倉幕府を倒す。

元寇では新たに土地を得ることができず，御家人にほうびがだせなかったよ。

3-1 室町時代 ──下剋上の風潮から戦国時代へ

🔑 応仁の乱　守護大名　建武の新政　下剋上

- 後醍醐天皇の〔⑫　　　　　　　〕は武士の不満で失敗。足利尊氏が京都に天皇を立て幕府を開く→南北朝時代。〔⑬　　　　　〕の成長。足利義満が南北朝を統一。日明（勘合）貿易を行う。
- 1467 年に〔⑭　　　　　　　〕が始まり，幕府の力が弱まる→〔⑮　　　　　　　〕の風潮が広まり，戦国時代が始まる。

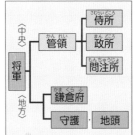

室町幕府のしくみ

鎌倉幕府と違うのは，管領と鎌倉府だね。

3-2 室町時代の生活と文化 ──公家と武家の文化が融合

🔑 惣　座

- 同業者組織〔⑯　　　　　〕，農村で自治組織〔⑰　　　　　〕。

室町時代の文化

| 北山文化 | 足利義満　金閣
観阿弥・世阿弥…能を大成 |
| 東山文化 | 足利義政　銀閣
…書院造
雪舟…水墨画
御伽草子が読まれる |

4-1 ヨーロッパの動き

🔑 宗教改革　ルネサンス

- 11 〜 13 世紀，ローマ教皇が十字軍を派遣。14 世紀に古代ギリシャを手本にイタリアから〔⑱　　　　　〕（文芸復興）がおこる。
- 16 世紀，ルターらが〔⑲　　　　　〕を始める。

書院造は現在の和風建築のもととなったよ。

4-2 ヨーロッパ人との出会い

🔑 キリスト教　鉄砲

- 1543 年，種子島にポルトガル人が〔⑳　　　　　　〕，1549 年にフランシスコ・ザビエルが〔㉑　　　　　〕を伝える。

16 世紀ごろの世界

5-1 安土桃山時代 ──豊臣秀吉が全国を統一

🔑 兵農分離　刀狩　楽市・楽座

- 織田信長は安土城下で〔㉒　　　　　〕を行う。
- 豊臣秀吉が，〔㉓　　　　　〕と太閤検地を行ったことにより〔㉔　　　　　〕が進む。

5-2 安土桃山時代の文化 ──壮大で豪勢な文化

🔑 南蛮文化　桃山文化

- 信長や秀吉のころに大名や豪商の力を反映した豪華な文化である〔㉕　　　　　〕，南蛮貿易によって〔㉖　　　　　〕が栄える。

安土桃山時代の文化

建築	高くそびえる天守のある城 姫路城（白鷺城） 大阪城
絵画	狩野永徳…唐獅子図屏風
茶の湯	千利休…わび茶の作法
かぶき踊り	出雲の阿国
南蛮文化	ローマ字，活版印刷

ここで学んだ内容を次で確かめよう！

問題 を解こう

100点　30分

1 右の年表を見て，次の各問いに答えなさい。

4点×13（52点）

年	主なできごと
1086	院政が始まる……………………A
	⇕B
1192	源頼朝が征夷大将軍となる…………C
1221	承久の乱が起こる………………D
1232	北条泰時が武家の慣習をまとめる……E
1274	文永の役，弘安の役（1281）………F
1334	建武の新政が行われる……………G
1338	足利尊氏が京都に幕府を開く………H
1404	日明貿易が始まる………………I
1467	応仁の乱が起こる………………J
1573	織田信長が室町幕府をほろぼす……K
1590	豊臣秀吉が全国を統一する…………L

(1)　**A・D**のできごとに最も関係の深い人物を，次からそれぞれ選びなさい。

A（　　　　　）

D（　　　　　）

後鳥羽上皇　　　後白河上皇

白河上皇　　　　桓武天皇

(2)　**B**の期間のできごとを，次から1つ選びなさい。　（　　　　　）

ア　平将門が関東で反乱を起こした。

イ　大化の改新で蘇我氏が倒れた。

ウ　平清盛が太政大臣になった。

エ　後醍醐天皇が吉野に逃れ南朝を開いた。

(3)　**C**について，将軍と御家人の関係を表した，**X・Y**にあてはまる語句を答えなさい。

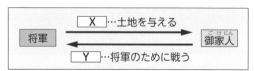

X（　　　　　）

Y（　　　　　）

(4)　**E**で定められた法を何といいますか。　（　　　　　）

(5)　**F**のできごとを何といいますか。　（　　　　　）

(6)　**G**が2年余りで失敗に終わった理由を，簡単に答えなさい。

（　　　　　　　　　　　　　　　　　）

(7)　**I**について，この貿易で勘合が使われた理由を説明した，次の文の　　　にあてはまる語句を答えなさい。　（　　　　　）

正式な貿易船と大陸沿岸を荒らしていた　　　を区別するため。

(8)　右の資料は，年表中の**K**の織田信長が安土城下に出した法令です。**X・Y**にあてはまる語句を答えなさい。

X（　　　　　）　Y（　　　　　）

（9）　**L**の豊臣秀吉が行った，刀狩と太閤検地により，武士と農民の区別が明らかになったことを何といいますか。

（　　　　　）

（10）　下剋上の風潮が広まるきっかけとなったできごとを，年表中の**D，H，J，L**のうちから1つ選びなさい。

（　　　　　）

一　この安土の町は楽市としたので，いろいろな　X　は廃止し，さまざまな　Y　は免除する。　（部分要約）

①(6)鎌倉幕府を倒すのに力をつくした武士よりも貴族のほうが重んじられたよ。
②(2)ルネサンスの内容以外はすべて宗教改革に関係しているよ。

2 右の地図を見て，次の各問いに答えなさい。　4点×7 (28点)

(1) 地図中の★の都市奪還のために，ローマ教皇が派遣した軍隊を何といいますか。　（　　　　　）

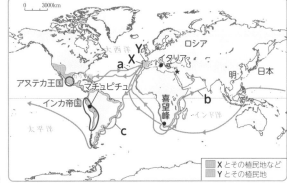

(2) 地図中のイタリアでおこったルネサンスについて，正しいものを次から1つ選びなさい。　（　　　　　）

　ア　イエズス会が世界に広めた。

　イ　古代ギリシャの文化を手本とした。

　ウ　ルターがカトリック教会を批判したことから始まった。

(3) 大航海時代の先駆けとなった，**X・Y**にあてはまる国を答えなさい。

　　　　　　　　　　X（　　　　　　　　）　Y（　　　　　　　　）

(4) **a〜c**の航路をたどった人物・船隊を，あとからそれぞれ選びなさい。

　　a（　　　　　　　）　b（　　　　　　　）　c（　　　　　　　）

　マゼラン船隊　　コロンブス　　バスコ・ダ・ガマ

3 右の資料を見て，次の各問いに答えなさい。　4点×5 (20点)

(1) 資料1の琵琶法師が語った軍記物を，次から1つ選びなさい。　（　　　　　）

資料1

　ア　源氏物語　　イ　古事記

　ウ　方丈記　　エ　平家物語

(2) 鎌倉時代に広まった仏教の教えと説いた人物の組み合わせとして正しいものを，次から1つ選びなさい。　（　　　　　）

　ア　法然ー浄土真宗　　イ　栄西ー曹洞宗

資料2

　ウ　一遍ー時宗　　エ　親鸞ー日蓮宗

(3) 銀閣について，次の問いに答えなさい。

　① 銀閣を建てた，室町幕府の将軍を答えなさい。

　　　　　　　　　　　　　　　　（　　　　　　　　）

　② 銀閣と同じ敷地に建てられた東求堂同仁斎に用いられている建築様式を何といいますか。　（　　　　　）

(4) 資料2の唐獅子図屏風を描いた人物を，次から1つ選びなさい。　（　　　　　）

　ア　狩野永徳　　イ　運慶　　ウ　雪舟　　エ　観阿弥

近世（江戸時代）

武士による政治が安定し，平和な世の中が続きました。

解答 ＞ p.14 〜 15

要点 を確認しよう 〔　〕にあてはまる語句を，攻略のキーワード 🔑 から選んで書きましょう。

① 江戸幕府の成立

🔑 **参勤交代　徳川家康**

- 関ヶ原の戦いに勝利した〔①　　　　　　　　　〕が江戸幕府を開く。
- 3代将軍の徳川家光は，〔②　　　　　　　〕を武家諸法度に追加。

武家諸法度は大名を統制するために定められたきまりだよ。

鎖国下の対外関係

② 鎖国の体制 ——— 江戸幕府が外交を独占する

🔑 **出島　日本町**

- 朱印船貿易で，東南アジアに〔③　　　　　　　　〕ができる。
- キリスト教信者の増加で幕府は禁教令を出し，長崎に〔④　　　　　　　　〕をつくり，清とオランダとのみ貿易を行う。

● 四つの窓口
黒竜江（アムール川）／樺太（サハリン）／中国（清）／アイヌ民族／朝鮮／松前藩／江戸／対馬藩／大阪／長崎／薩摩藩／オランダ／琉球
0　400km

③ 産業の発達と都市の繁栄 ——— 大阪は天下の台所

🔑 **蔵屋敷　工場制手工業　株仲間**

- 大阪には〔⑤　　　　　　　　〕が置かれ，商業が発展。江戸を中心に五街道や航路が発達。商人たちは〔⑥　　　　　　　〕をつくる。19世紀には人を集めて作業する〔⑦　　　　　　　〕が広まった。

上方とは江戸に対して，京都や大阪のことをいうよ。

元禄文化

文学	浮世草子…井原西鶴 人形浄瑠璃の脚本 …近松門左衛門 俳諧（俳句） …松尾芭蕉「奥の細道」
芸能	歌舞伎
絵画	装飾画 …俵屋宗達，尾形光琳 浮世絵…菱川師宣

④ 元禄文化 ——— 町人の文化

🔑 **上方　徳川綱吉**

- 5代将軍の〔⑧　　　　　　　〕が朱子学をすすめる。このころ，〔⑨　　　　　　　〕を中心に元禄文化が栄える。

⑤ 江戸時代の政治改革 ——— 農村の復興と商業

🔑 **寛政の改革　田沼意次　公事方御定書　水野忠邦**

- 享保の改革（8代将軍徳川吉宗）…裁判の基準となる〔⑩　　　　　　　〕の制定，目安箱の設置，上げ米の制。
- 老中〔⑪　　　　　　〕の政治…長崎貿易の活発化。
- 〔⑫　　　　　　〕（老中松平定信）…朱子学以外の学問の禁止。
- 天保の改革（老中〔⑬　　　　　　〕）…株仲間を解散させる。

享保の改革，寛政の改革では農村の立て直し，田沼意次の時代では商業を活発にして，幕府財政を立て直そうとしました。

⑥ 新しい学問と化政文化 ──── 江戸で栄えた庶民の文化

🔑 国学　蘭学

- **本居宣長**は「**古事記伝**」を著し〔⑭　　　　　　　〕を発展させた。**杉田玄白**らは「**解体新書**」を出版し，〔⑮　　　　　　　　　〕の基礎を築いた。町人や百姓は**寺子屋**で学んだ。

化政文化

文学	曲亭馬琴「南総里見八犬伝」 十返舎一九「東海道中膝栗毛」 俳諧（俳句）…与謝蕪村 　　　　　　　小林一茶
絵画 （浮世絵）	錦絵…鈴木春信 役者絵…東洲斎写楽 美人画…**喜多川歌麿** 風景画…**葛飾北斎** 　　　　歌川広重

⑦-1 欧米の近代化 ──── 自由で平等な社会へ

🔑 フランス革命　名誉革命　南北戦争　独立戦争

- **イギリス**…**ピューリタン革命**の後，〔⑯　　　　　　　　　〕が起こる。**権利章典**が定められ，**立憲君主制**と議会政治が始まった。
- イギリスから始まった**産業革命**により**資本主義**が広がる。
- **フランス**…**絶対王政**を倒そうと〔⑰　　　　　　　　〕が起こる。革命中に**人権宣言**が出される。その後，**ナポレオン**が皇帝となる。
- **アメリカ**…イギリスとの〔⑱　　　　　　　　〕中に，**独立宣言**を発表し，勝利。1861 年〔⑲　　　　　　　〕が始まり，北部の**リンカン**大統領が**奴隷解放宣言**を出す。

> イギリスは当時「世界の工場」とよばれました。

> アヘンを取りしまった清に対して，イギリスはアヘン戦争を仕かけたよ。

イギリスの貿易の変化

茶・絹
イギリス　銀　→　中国（清）
　　絹織物
銀　↓
　　　インド
18 世紀

茶・絹
イギリス　銀　→　中国（清）
三角貿易　銀
工業製品　銀
綿織物　インド　アヘン
19 世紀前半

⑦-2 欧米のアジア進出

🔑 インド大反乱　アヘン戦争

- イギリスは，〔⑳　　　　　　　　〕を起こし，清と**南京条約**を結ぶ。イギリスに対しインド兵が〔㉑　　　　　　　〕を起こす。

⑧ 日本の開国

🔑 日米修好通商　日米和親　尊王攘夷

- 接近する外国船が増え，1825 年に**異国船打払令**を出す。
- 1854 年，**ペリー**と〔㉒　　　　　　　〕条約を結ぶ。1858 年に**大老井伊直弼**が〔㉓　　　　　　〕条約を結ぶ。**関税自主権**がなく，**領事裁判権**を認める不平等条約→〔㉔　　　　　〕運動が広まる。

⑨ 江戸幕府の滅亡

🔑 大政奉還　薩長同盟

- **薩摩藩**と**長州藩**が，**坂本龍馬**の仲立ちで，〔㉕　　　　　　　〕を結ぶ。
- 15 代将軍**徳川慶喜**は，1867 年政権を朝廷に返し（〔㉖　　　　　　〕），朝廷は**王政復古の大号令**を発表。江戸幕府はほろぶ。

> 鎌倉時代から続いていた武士による政治が終わったんだ。

> ここで学んだ内容を次で確かめよう！

問題 を解こう

100点

30分

1 右の年表を見て，次の各問いに答えなさい。

4点×15(60点)

年	主なできごと
1603	江戸に幕府が開かれる……………A
1635	参勤交代が制度化される…………B
1637	＿C＿が起こる
1641	鎖国の体制が完成する……………D
	⇕三都が発展する……………………E
1716	徳川吉宗の享保の改革……………F
1772	田沼意次の政治……………………G
1787	松平定信の寛政の改革……………H
1825	＿I＿を出す
1841	水野忠邦の天保の改革……………J
1858	日米修好通商条約を結ぶ…………K
	⇕ L
1868	王政復古の大号令が出される

(1) **A・B**のできごとに最も関係の深い人物を，次からそれぞれ選びなさい。

A（　　　　　　　）

B（　　　　　　　）

徳川慶喜　徳川綱吉　徳川家光　徳川家康

(2) **B**の下線部について述べた次の文の**X・Y**にあてはまる語句を答えなさい。

X（　　　　　　　）

Y（　　　　　　　）

＿X＿と大名の＿Y＿を1年おきに往復する制度。

(3) **C**にあてはまるできごとを，次から1つ選びなさい。　（　　　）

ア　正長の土一揆　　　イ　島原・天草一揆

ウ　加賀の一向一揆　　エ　山城の国一揆

(4) **D**の体制のもとで，琉球王国と交易を行った藩を，次から1つ選びなさい。（　　　）

ア　対馬藩　　イ　松前藩　　ウ　薩摩藩

(5) **E**について，三都のうち，商業が発展し，「天下の台所」とよばれた都市を答えなさい。

（　　　　　　　　　　）

(6) **F，G，H，J**の4つの政治の内容を，次からそれぞれ選びなさい。

F（　　　）　G（　　　）　H（　　　）　J（　　　）

ア　ききんに備えて農村に米を蓄えさせた。

イ　株仲間を積極的に認め，長崎貿易を活発化させた。

ウ　外様大名を江戸から遠くに配置した。

エ　裁判の基準となる公事方御定書を制定した。

オ　株仲間の解散を命じた。

資料

> …（略）…今後はどこの海辺の村においても，外国船が乗り寄せてきたのを見たならば，その村にいる人々で，ためらうことなく，ひたすらに撃退せよ。

(7) 右の資料は，年表中の＿I＿にあてはまる法令です。この法令を何といいますか。　（　　　　　　　　　　）

(8) **K**について，この条約が不平等とされた内容を，2つ簡単に答えなさい。

（　　　　　　　　　　）（　　　　　　　　　　）

(9) **L**の期間のできごとを，次から1つ選びなさい。　（　　　）

ア　薩長同盟が結ばれる　　イ　大塩の乱が起こる　　ウ　ペリーが浦賀に来航する

①(5)多くの藩の蔵屋敷が置かれて，全国から年貢米や特産物が集まってきたよ。
③(1)1人だけ化政文化で活躍した人物で，3人は元禄文化で活躍した人物だよ。

2 右の資料を見て，次の各問いに答えなさい。

4点×5（20点）

(1) アヘン戦争の様子を描いた資料中の**X**の船の国について述べた文を，次から1つ選びなさい。（　　　）

ア　名誉革命の最中に権利章典が出された。

イ　リンカン大統領が奴隷解放宣言を出した。

ウ　自由と平等をうたった人権宣言が出された。

エ　独立戦争に勝利し，独立を果たした。

(2) **X**の船は蒸気で動く船です。18世紀に**X**の船の国で蒸気機関が改良され，機械による生産技術の向上で，社会のしくみが変わったことを何といいますか。

（　　　　　　　　　　　）

(3) 右の図は，アヘン戦争の原因となった貿易を示しています。**A**～**C**にあてはまる貿易品を，あとからそれぞれ選びなさい。

A（　　　）　　B（　　　）　　C（　　　）

ア　絹織物　　イ　綿織物　　ウ　銀　　エ　アヘン

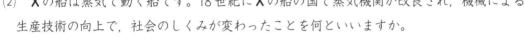

3 右の資料を見て，次の各問いに答えなさい。

4点×5（20点）

(1) 資料1の見返り美人図が描かれたころに活躍した人物とその作品の組み合わせとして正しいものを，次から1つ選びなさい。（　　　）

ア　近松門左衛門－人形浄瑠璃の脚本　　イ　井原西鶴－俳諧（俳句）

ウ　曲亭（滝沢）馬琴－「南総里見八犬伝」

エ　松尾芭蕉－浮世草子

資料1

(2) 資料2の富嶽三十六景が描かれたころの学問について，次の問いに答えなさい。

① 「古事記伝」を著し，国学を完成させた人物を答えなさい。

（　　　　　　　　　　　）

② 杉田玄白らが，オランダの解剖書を翻訳して，出版した本を何といいますか。（　　　　　　　　　　　）

資料2

(3) 資料1・資料2を描いた人物を，次からそれぞれ選びなさい。　資料1（　　　）　資料2（　　　）

ア　喜多川歌麿　　イ　歌川広重

ウ　菱川師宣　　エ　葛飾北斎

8日目 近代〜現代（明治時代〜）

現在まで続く国のしくみが整備されました。

解答 > p.16 〜 17

要点 を確認しよう

〔　　〕にあてはまる語句を，攻略のキーワード🔑から選んで書きましょう。

1-1 明治維新

🔑 **廃藩置県　地租改正　文明開化**

- 明治政府は**五箇条の御誓文**を出し，**版籍奉還**の後，〔① 　　　　　〕を行う。また，**学制**，**徴兵令**，〔② 　　　　　〕の三大改革を行う。**殖産興業**のために**官営模範工場**をつくる。このころ，生活が西洋化したことを〔③ 　　　　　〕という。

土地の所有者に地券を発行して，税金を所有者に納めさせたよ。

地券

1-2 自由民権運動から立憲制国家へ ——アジア初の近代的な立憲制国家

🔑 **大日本帝国憲法　自由民権運動**

- 国会の開設を求める〔④ 　　　　　〕が，**板垣退助**らの**民撰議院設立の建白書**の提出で始まる。明治政府は**内閣制度**をつくり，1889年に〔⑤ 　　　　　〕を発布。

1890年に第1回の国会（帝国議会）が開かれたよ。

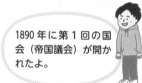

1-3 不平等条約の改正

🔑 **小村寿太郎　陸奥宗光　岩倉使節団**

- 〔⑥ 　　　　　〕を欧米に派遣。条約改正交渉は失敗。
- 1894年に外務大臣〔⑦ 　　　　　〕が領事裁判権（治外法権）の撤廃，1911年には外務大臣〔⑧ 　　　　　〕が関税自主権の回復に成功した。

岩倉使節団

1-4 日清・日露戦争 ——列強への仲間入り

🔑 **三国干渉　日清戦争　韓国　日露戦争**

- 1894年に日本と清との間で〔⑨ 　　　　　〕が起こる。日本は**下関条約**で**遼東半島**を得るが，ロシアらの〔⑩ 　　　　　〕により清に返還。ロシアに対抗するためイギリスと**日英同盟**を結び，1904年に〔⑪ 　　　　　〕が起こる。アメリカの**仲介**により**ポーツマス条約**を結ぶ。
- 1910年には**韓国併合**により〔⑫ 　　　　　〕を植民地化。

下関条約の賠償金で，八幡製鉄所が建設されました。

2 近代の文化 ——欧米の文化を取り入れた日本の文化

🔑 **横山大観　夏目漱石**

- 〔⑬ 　　　　　〕の「坊っちゃん」，日本画の〔⑭ 　　　　　〕。

明治時代の文化

文学	樋口一葉「たけくらべ」 森鷗外「舞姫」
絵画	黒田清輝「湖畔」
科学	野口英世…黄熱病の研究 北里柴三郎…破傷風の血清療法

③-1 第一次世界大戦

🔑 ベルサイユ条約　国際連盟　第一次世界大戦

・1914年，ヨーロッパで〔⑮　　　　　〕が起こる。
三国協商側が勝利し，1919年に〔⑯　　　　　〕が
結ばれる。終戦後，〔⑰　　　　　〕が設立。

第一次世界大戦前の
国際関係

イギリス	日英同盟(1902)	日本
三国協商(1907)	ロシア	日露協約(1907)
フランス	オーストリア	ドイツ
バルカン半島		三国同盟(1882)
セルビア		イタリア

③-2 大正デモクラシー ——民主主義の広まり

🔑 普通選挙法（ふつう）　原敬（はらたかし）

・大正時代になると第一次護憲運動が起こる。米騒動（こめそうどう）の後に，
〔⑱　　　　　〕が本格的な政党内閣をつくる。1925年に
〔⑲　　　　　〕と治安維持法（ちあんいじ）が成立する。

> 普通選挙とは，納税額などで制限がない選挙だよ。

④-1 世界恐慌と日本の中国侵略 ——戦争に向かう日本

🔑 満州国（まんしゅう）　ファシズム

・1929年の世界恐慌に対し，アメリカはニューディール（新規巻き直し），イギリスなどはブロック経済，ドイツでは
〔⑳　　　　　〕が広がる。日本は，満州事変後，
〔㉑　　　　　〕を建国し，国際連盟を脱退。盧溝橋事件（ろこうきょう）
の後に，日中戦争が起こる。

主な国の鉱工業生産

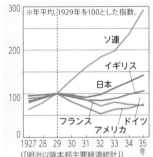

※年平均。1929年を100とした指数。
ソ連 / イギリス / 日本 / フランス / アメリカ / ドイツ
1927 28 29 30 31 32 33 34 35 年
「明治以降本邦主要経済統計」

④-2 第二次世界大戦と太平洋戦争

🔑 ポツダム宣言　太平洋戦争

・1939年，ヨーロッパで第二次世界大戦が起こる。1941年，日本はアメリカのハワイを攻撃して〔㉒　　　　　〕が起こる。
・1945年に〔㉓　　　　　〕を受け入れ，降伏。

> 世界恐慌からの回復を目指して各国はさまざまな手段をとりました。

⑤ 戦後の日本 ——戦後復興から先進国へ

🔑 高度経済成長　国際連合　冷戦

・戦後，連合国軍最高司令官総司令部（GHQ）により民主化される。世界では，アメリカ側とソ連側で〔㉔　　　　　〕が始まる。
・1951年，日本は連合国側とサンフランシスコ平和条約を結び，1952年に独立を回復。日ソ共同宣言により，〔㉕　　　　　〕に加盟。
・1950年代後半から〔㉖　　　　　〕となったが，1973年の石油危機により，安定成長期に入った。
・1989年，アメリカとソ連が冷戦の終結を宣言する。

> 民主化によって日本のしくみがいろいろ変わったよ。憲法も「日本国憲法」として新しくなったんだ。

> ここで学んだ内容を次で確かめよう！

100点　**30分**

1 右の年表を見て，次の各問いに答えなさい。

4点×9（36点）

(1) **A**について，次の文の①～③にあてはまる
ほうの語句を選びなさい。

① (　　　)　② (　　　)　③ (　　　)

土地の所有者に

①{ **ア** 地券　 **イ** 検地帳 }を発行し，

地価の②{ **ア** 30　 **イ** 3 }%を

③{ **ア** 稲　 **イ** 現金 }で納めさせる

ことで，税収が安定した。

(2) **B**の期間のできごとを古い順に並べたとき，
4番目になるものを，次から1つ選びなさい。

(　　　)

年	主なできごと
1868	五箇条の御誓文が出される
1873	地租改正が行われる……………A
	⇕ B
1890	第一回帝国議会が開かれる
1894	不平等条約の改正に成功…………C
	日清戦争が起こる………………D
1902	日英同盟が結ばれる………………E
1904	日露戦争が起こる………………F
1910	韓国併合
1911	不平等条約の改正に成功…………G

ア 内閣制度ができる。　　**イ** 板垣退助が民撰議院設立の建白書を提出する。

ウ 大日本帝国憲法が定められる。　　**エ** 国会開設の勅諭が出される。

(3) **C・G**について，次の文の□□□にあてはまる語句を答えなさい。

C 外務大臣の陸奥宗光が□□□の撤廃に成功した。　　C (　　　　　　)

G 外務大臣の小村寿太郎が□□□の完全回復に成功した。　　G (　　　　　　)

(4) **D・F**の戦争の講和条約をそれぞれ答えなさい。

D (　　　　　　)　F (　　　　　　)

(5) **E**について，この同盟が結ばれた理由を，日本の立場から簡単に答えなさい。

(　　　　　　　　　　　　　　　　　　　　　　　　　　)

2 右の資料を見て，次の各問いに答えなさい。

5点×4（20点）

(1) 右の1872年に操業を開始した官営模範工場
を何といいますか。　(　　　　　　)

(2) 明治政府が行った，右の工場の建設など経済
発展の基礎となる政策を何といいますか。

(　　　　　　)

(3) 文明開化で見られたものを，次から2つ選び
なさい。　(　　　)(　　　)

ア 太陰暦が採用された。　　**イ** 牛肉を食べる習慣が広まった。

ウ 国教として仏教が採用された。　　**エ** 街灯にランプやガス灯が付けられた。

①(1)収穫高ではなく土地の値段（地価）を基準に納めさせたことで政府の財政が安定したよ。
③(1)米騒動によって，それまでの寺内内閣が倒れたよ。

3 右の年表を見て，次の各問いに答えなさい。

4点×7（28点）

(1) **A**の騒動の原因と結果を，次からそれぞれ選びなさい。　原因（　　　）　結果（　　　）

ア　普通選挙法が定められた。

イ　米の値段が大幅に上がった。

ウ　景気がよくなった。

エ　原敬の本格的な政党内閣が成立した。

(2) **B**について，このころの，①アメリカ，②イギリス，③ドイツの様子を，次からそれぞれ選びなさい。

①（　　　）②（　　　）③（　　　）

ア　ブロック経済とよばれる経済圏をつくった。

イ　公共事業を増やして，失業者を減らした。

ウ　5か年計画とよばれる計画経済を行った。

エ　ファシズムとよばれる考えが広まった。

(3) 講和条約として結ばれた，　**D**　にあてはまる条約名を答えなさい。

（　　　　　　　　　）

(4) **E**の期間に起こったできごととして，あてはまるものを，次から1つ選びなさい。

ア　国際連合への加盟をはたした。　　イ　阪神・淡路大震災が起こった。　（　　　）

ウ　日本国憲法が制定された。　　エ　バブル経済による好景気になった。

年	主なできごと
1914	第一次世界大戦が起こる
1918	米騒動が起こる……………A
1929	世界恐慌が起こる……………B
1931	満州事変が起こる……………C
1941	太平洋戦争が起こる
1945	ポツダム宣言を受け入れ降伏する
1951	D　を結び，独立を回復する
	⇕ E
1973	石油危機が起こる
2011	東日本大震災が起こる

4 右の資料を見て，次の各問いに答えなさい。

4点×4（16点）

(1) 世界が2つの陣営にわかれ，厳しく対立したことを，何といいますか。　（　　　　　　　）

(2) 地図中の，①資本主義陣営（西側）の中心となった**X**，②共産主義陣営（東側）の中心となった**Y**の国名を答えなさい。　①（　　　　　　　）

②（　　　　　　　）

(3) 地図中の**Z**は，国が東西に分裂し，ベルリンの壁が築かれていましたが，1989年に市民によって壁がこわされました。**Z**の国名を答えなさい。

（　　　　　　　）

世界の東西陣営の対立

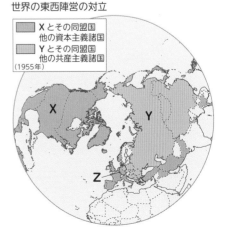

■ **X**とその同盟国
他の資本主義諸国
■ **Y**とその同盟国
他の共産主義諸国
(1955年)

時差のしくみを理解
しよう。

〔　〕にあてはまる語句を，攻略のキーワード🔑から選んで書きましょう。

🔑 135　9　15　日付変更線　本初子午線

すべての時間の基準となる，
経度 0 度の経線
＝〔① 　　　　　　　　　〕

この線を西経から東経に越えるとき，日付
を 1 日進め，東経から西経に越えるときは
1 日おくらせる
＝〔② 　　　　　　　　　〕

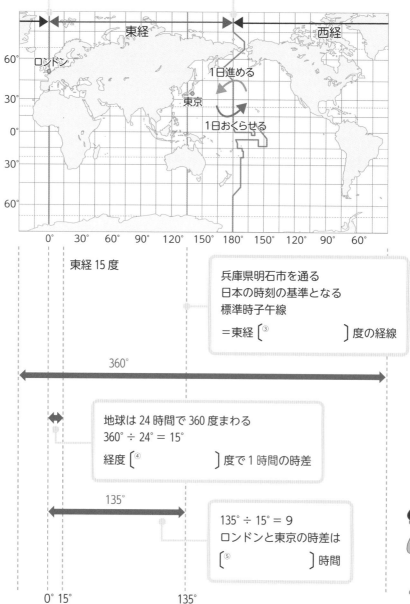

東経 15 度

兵庫県明石市を通る
日本の時刻の基準となる
標準時子午線
＝東経〔③ 　　　　　　〕度の経線

360°

地球は 24 時間で 360 度まわる
360° ÷ 24° = 15°

経度〔④ 　　　　　　〕度で 1 時間の時差

135°

135° ÷ 15° = 9
ロンドンと東京の時差は
〔⑤ 　　　　　　〕時間

0° 15°　　　　　135°

解答　①本初子午線　②日付変更線　③135　④15　⑤9

38

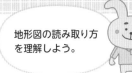

特集　地形図のまとめ

地形図の読み取り方を理解しよう。

〔　〕にあてはまる語句を，攻略のキーワード🔑から選んで書きましょう。

🔑　ゆるやか　2000　1000　神社　北

地図記号
＝〔① 　　　　　〕

土地の高さを表す等高線は
間隔の広い**A**が，
せまい**B**よりも
土地のかたむきが
〔② 　　　　　〕である。

地形図（地図）は通常，
上が
〔③ 　　　　　〕（方位）
で表される。

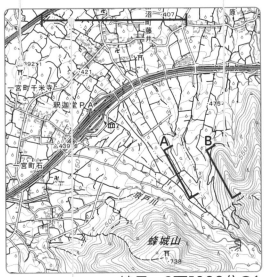

縮尺　2万5000分の1

縮尺　5万分の1

地形図上の長さ４cm
縮尺 25000 分の1
　　　縮尺の分母
実際の距離＝４cm× 25000
　　　　　＝ 100000cm
　　　　＝〔④ 　　　　　〕m

縮尺…
実際の距離を地形図上の
長さに縮めた割合。
分母の数が小さいほど，
地形図は詳しく表される。

地形図上の長さ４cm
縮尺 50000 分の1
　　　縮尺の分母
実際の距離＝４cm× 50000
　　　　　＝ 200000cm
　　　　＝〔⑤ 　　　　　〕m

解答　①神社　②ゆるやか　③北　④1000　⑤2000

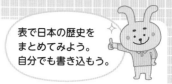

表で日本の歴史を
まとめてみよう。
自分でも書き込もう。

〔　　〕にあてはまる語句を，攻略のキーワード🔑から選んで書きましょう。

🔑 仮名文字（かなもじ）　応仁の乱（おうにんのらん）　伊藤博文（いとうひろぶみ）　浮世絵（うきよえ）　大化の改新（たいかのかいしん）　織田信長（おだのぶなが）

時代	主なできごと	主な人物	主な文化
縄文			縄文土器　　土偶（どぐう）
弥生	稲作	卑弥呼（ひみこ）	弥生土器（やよい）
古墳			埴輪（はにわ）
飛鳥	十七条の憲法 〔①　　　　　　〕	聖徳太子（しょうとくたいし）（厩戸皇子（うまやどのおうじ））	法隆寺
奈良	律令政治	聖武天皇（しょうむてんのう）	東大寺 「万葉集」
平安	摂関政治（せっかん）	藤原道長（ふじわらのみちなが）	寝殿造　　〔②　　　　　　〕
鎌倉	鎌倉で武士の政治 元寇（げんこう）	源 頼朝（みなもとのよりとも）	「平家物語」 金剛力士像
室町	日明貿易（勘合貿易（かんごう）） 南北朝の統一 〔③　　　　　　〕	足利義満（あしかがよしみつ） 足利義政	金閣（きんかく）　　能 銀閣（ぎんかく） 東求堂同仁斎（とうぐどうどうじんさい）→書院造
安土桃山	太閤検地（たいこう）　　刀狩	〔④　　　　　　〕　豊臣秀吉（とよとみひでよし）	狩野永徳（かのうえいとく）
江戸	鎖国の体制が固まる 江戸の三大改革	徳川家康（とくがわいえやす） 徳川吉宗	俳諧（俳句）（はいかい）　　浮世草子 〔⑤　　　　　　〕　錦絵
明治	明治維新 日清・日露戦争	〔⑥　　　　　　〕 板垣退助（いたがきたいすけ）	夏目漱石（なつめそうせき） 森鷗外（もりおうがい）
大正	大正デモクラシー	原敬（はらたかし）	芥川龍之介（あくたがわりゅうのすけ）
昭和	太平洋戦争 東京オリンピック・パラリンピック	吉田茂（よしだしげる）	川端康成（かわばたやすなり） 黒澤明（くろさわあきら）
平成	阪神・淡路大震災 東日本大震災		
令和	東京オリンピック・パラリンピック		

解答　①大化の改新　②仮名文字　③応仁の乱　④織田信長　⑤浮世絵　⑥伊藤博文

コーチと入試対策！

8日間 完成

中学1・2年の総まとめ

社会

解答と解説

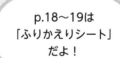

p.18〜19は
「ふりかえりシート」
だよ！

「解答と解説」は
取りはずして使おう！

1日目 世界と日本のすがた・人々の生活

要点 を確認しよう　p.6〜7

1 ①ユーラシア　②オーストラリア　③島国　④内陸国　⑤バチカン市国
　⑥中国　⑦経線　⑧本初子午線　⑨赤道　⑩緯線　⑪距離

2 ⑫東経　⑬北緯　⑭ユーラシア

問題 を解こう　p.8〜9

1 (1) ☆重要 三大洋とは，広い順に太平洋，大西洋，インド洋。ユーラシア大陸は最も面積が広い大陸で，西側で大西洋，中央部でインド洋，東側で太平洋と接している。

(3) Zの大陸はオーストラリア大陸。そのままオーストラリアという国。

2 (1) Aはイギリスの旧グリニッジ天文台を通る経度0度の経線で，世界の時間の基準となる本初子午線である。

(2) ⚠注意 地球は1回転（360度）で24時間なので，経度差が360（度）÷24（時間）＝15度で1時間の時差が生じる。ロンドンは経度0度なので，東経135度を標準時子午線としている日本とは，135度の経度差がある。135（度）÷15（度）＝9（時間）となり，9時間の時差となる。ロンドンよりも日本のほうが東側にあるので，日本のほうが，9時間進んでいる。

(3) 緯度0度の緯線は赤道。赤道は，南アメリカ大陸の北部，インドネシア，アフリカ大陸の中央部を通る。

(4) 地図2は中心からの距離と方位が正しく表されるが，周辺に行くほど形が大きくゆがむ地図。東京から東ということは右に進むことになるので，通過するのは南アメリカ大陸，アフリカ大陸，ユーラシア大陸の順となる。

---

1 右の地図を見て，次の各問いに答えなさい。　5点×5(25点)

(1) 地図中のX〜Zの大陸のうち，三大洋すべてに囲まれている大陸を1つ選び，記号と大陸名を答えなさい。
　　記号（　X　）
　　大陸名（　ユーラシア大陸　）

(2) 地図中のAとBの州を，あとからそれぞれ選びなさい。　A（　ヨーロッパ州　）B（　北アメリカ州　）
　　アジア州　ヨーロッパ州　北アメリカ州　オセアニア州

(3) 地図中のZの大陸にある国について正しく述べたものを，次から1つ選びなさい。　（　エ　）
　　ア　世界で最も人口が多い。　イ　世界で最も人口が少ない。
　　ウ　世界で最も面積が大きい。　エ　1つの大陸が1つの国となっている。

2 右の地図を見て，次の各問いに答えなさい。　5点×5(25点)

(1) 地図1中のAが示している，経度0度の経線を何といいますか。　（　本初子午線　）

(2) Aを標準時子午線としているロンドンが4月4日午前11時のとき，東経135度を標準時子午線としている日本の日時を，午前・午後を明らかにして答えなさい。　（4月4日午後8時）

(3) 地図1中のa〜dから，緯度0度を示している緯線を1つ選びなさい。また，その緯線を何といいますか。　記号（　c　）名称（　赤道　）

(4) 地図2は東京を中心とした，中心からの距離と方位が正しい地図です。東京から東に向かって一周したときに通る大陸の順として正しいものを，次から1つ選びなさい。　（　ウ　）

　ア　ユーラシア大陸→アフリカ大陸→南アメリカ大陸
　イ　ユーラシア大陸→北アメリカ大陸→南アメリカ大陸
　ウ　南アメリカ大陸→アフリカ大陸→ユーラシア大陸
　エ　オーストラリア大陸→南極大陸→ユーラシア大陸

実力アップ！

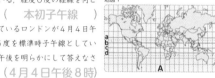

六大陸…ユーラシア大陸，アフリカ大陸，北アメリカ大陸，南アメリカ大陸，オーストラリア大陸，南極大陸
三大洋…太平洋，大西洋，インド洋
地球の位置を測る
経線…北極点と南極点を結ぶ線。0度の経線は本初子午線という。
緯線…緯度0度の緯線である赤道と平行に引かれた線。

❷ ⑮時差　⑯東経135度　⑰38万　⑱領空　⑲排他的経済水域
❸ ⑳寒帯　㉑温帯　㉒熱帯　㉓キリスト教　㉔イスラム教　㉕仏教

3 右の資料を見て，次の各問いに答えなさい。　5点×5（25点）

(1) 地図中の**X**は，日本の最北端の島を含む地域です。現在，ロシア連邦に不法に占拠されている**X**の地域を何といいますか。　（　北方領土　）

(2) 地図中の**Y**は日本の最東端，**Z**は日本の最南端の島です。**Y**と**Z**の島を，あとからそれぞれ選びなさい。
Y（　南鳥島　）　**Z**（　沖ノ鳥島　）
沖ノ鳥島　竹島　対馬　南鳥島

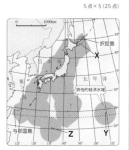

(3) 地図中の排他的経済水域について正しく述べたものを，次から1つ選びなさい。　（　イ　）
ア　沿岸国の主権がおよぶ領域である。
イ　沿岸国に水産資源を利用する権利がある。
ウ　どの国でも自由に航行や漁業などができる。

(4) 資料を見て，日本の排他的経済水域が，国土面積のわりに大きい理由を，簡単に答えなさい。
（　（例）島国〔海洋国〕だから。　）

資料
	アメリカ合衆国	日本
排他的経済水域の面積	762万km²	38万km²
国土面積	983万km²	447万km²

4 右の資料を見て，次の各問いに答えなさい。　5点×5（25点）

(1) 日本の大部分が属する気候帯を何といいますか。　（　温帯　）

(2) 熱帯と乾燥帯の気候帯の様子としてあてはまるものを，あとからそれぞれ選びなさい。
熱帯（　ア　）
乾燥帯（　ウ　）

ア　うっそうとした森がしげっている。
イ　一年中解けない永久凍土が広がる。
ウ　オアシスという水を得られる場所がある。
エ　一年中温暖で一定の雨が降る。

(3) 右の**X**と**Y**の雨温図は，地図中**a〜d**のいずれかの都市のものです。どの都市のものかそれぞれ選びなさい。　**X**（　b　）　**Y**（　c　）

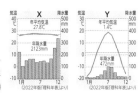

右の資料（解説）

3
(1)日本の最北端の島は択捉島。北方領土は，択捉島，国後島，色丹島，歯舞群島が含まれる地域のことをいう。1945年からソ連（現在はロシア連邦）が不法に占拠しており，日本政府は返すようにロシアに求めている。

(2)最東端は南鳥島。最南端の沖ノ鳥島は，排他的経済水域を守るため，波にけずられて島がなくなってしまわないように工事が行われた。

(3)アは領海，ウは公海の説明である。

(4) 📖参考　日本は海に囲まれた島国（海洋国）であり，離島が多いため，排他的経済水域が国土面積（陸地）の割に広い。

4
(1)世界の気候は，寒帯，亜寒帯（冷帯），温帯，乾燥帯，熱帯，高山気候に分けられる。

(2)熱帯はア，乾燥帯はウ。アのうっそうとした森とは熱帯林のこと。ウのオアシスとは，砂漠で水が得られる場所で，小麦やなつめやしなどの栽培が行われている。

(3)Xは気温が一年中高温で，降水量が多いことから熱帯，Yは夏と冬の気温差が大きく，冬の寒さが厳しいことから亜寒帯のグラフである。aは乾燥帯，dは温帯に属する都市。

ポイント

世界の気候…熱帯，乾燥帯，温帯，亜寒帯（冷帯），寒帯，高山気候。
　熱帯…一年中気温が高く，降水量が多い。
　乾燥帯…一年中，ほぼ降水量がない。
　温帯…一年を通して温暖で，一定の降水量がある。
　亜寒帯・寒帯…冬の寒さが厳しい。
　高山気候…標高が高く，同緯度の地域より気温が低い。

2日目 世界の諸地域

要点 を確認しよう　p.10〜11

① ①季節風　②仏教　③プランテーション　④経済特区　⑤石油
② ⑥キリスト教　⑦ヨーロッパ連合　⑧ユーロ
③ ⑨サハラ砂漠　⑩レアメタル　⑪モノカルチャー

問題 を解こう　p.12〜13

1 (1) ☆重要 季節風（モンスーン）は，季節によってふく向きのちがう風。夏は海から大陸へ風がふいて大量の雨をもたらす。冬は大陸から海へ風がふく。

(2) Xの国はインド。多くの国民がヒンドゥー教を信じている。

(3) 1980年のグラフの1位が米，2018年には工業化が進んで機械類や自動車が上位になっていることからAのタイ。Bのマレーシアでは石油や天然ゴム，Cのインドネシアでは石油や天然ガス，木材などが1980年の輸出上位の品である。

2 (1) Xの国々がつくっている地域組織はEUで，正式名称はヨーロッパ連合。加盟国間で共通通貨のユーロが使われているが，すべての国で使われているわけではない。

(2) フランスは，EU最大の農業国であり，小麦の輸出が多い。

(3) ①プランテーションとは，ヨーロッパの植民地だったときに開かれた大農園のこと。商品作物が栽培され，輸出されている。

②グラフの大部分を「特定の」農作物や鉱産資源が占めていることを読み取る。数少ない輸出品による経済は，国際価格などの影響を受けるため，財政が安定しない。

---

1 右の資料を見て，次の各問いに答えなさい。　4点×5（20点）

(1) 地図中の→が示す，季節ごとにふく向きが変わる風を何といいますか。　（ 季節風[モンスーン] ）

(2) 地図中Xの国で広く信仰されている宗教を，あとから1つ選びなさい。　（ ヒンドゥー教 ）
　ヒンドゥー教　仏教　イスラム教　キリスト教

(3) グラフは，地図中A〜Dのいずれかの国の輸出品の変化を示したものです。グラフの表している国を1つ選び，記号と国名を答えなさい。
　記号（ A ）国名（ タイ ）

(4) A〜Dの国々が加盟している，東南アジア諸国連合の略称をアルファベットで答えなさい。
　（ ASEAN ）

| 1980年 65億ドル | 天然ゴム 14.7% | 米 11.5 | 野菜 9.3 | 8.5 | 機械類 6.0 | その他 50.0 |
| 2018年 2525億ドル | 機械類 31.2% | 自動車 12.1 | | すず プラスチック4.7 | | その他 52.0 |

（2020/21年版「世界国勢図会」ほかより）

2 右の資料を見て，次の各問いに答えなさい。　5点×6（30点）

(1) 資料中のXの国々で構成されている地域組織の略称をアルファベットで答えなさい。また，それらの国々で導入されている共通通貨を答えなさい。
　略称（ EU ）通貨（ ユーロ ）

(2) 次の説明文にあてはまる国を，A〜Dから1つ選び，国名と合わせて答えなさい。
　記号（ C ）国名（ フランス ）
「首都はパリで，小麦の世界有数の生産国である。」

(3) 右のグラフは，アフリカ州の2つの国の輸出品を示したものです。次の①・②の問いに答えなさい。

① aにあてはまる，プランテーションで栽培されている農作物を，次から選びなさい。
　バナナ　カカオ豆　オレンジ　オリーブ　（ カカオ豆 ）

② モノカルチャー経済とはどのような経済か，グラフを参考にして，簡単に答えなさい。

（例）特定の農作物や鉱産資源の生産や輸出にたよる経済。

| コートジボワール 118億ドル | 石油製品 a 27.5% | 9.8 | 8.5 | 石油 6.0 | その他 35.0 |
| ナイジェリア 624億ドル | カシューナッツ 金(非貨幣用)6.8 | 石油 82.3% | | 天然ゴム6.4 液化天然ガスその他 | 9.9 7.8 |

（2018年）　（2020/21年版「世界国勢図会」より）

実力アップ！

アジアNIES（新興工業経済地域）…急速に発展した韓国や台湾，シンガポールなど。

東南アジア諸国連合（ASEAN）…タイ，マレーシア，インドネシアなど。

石油輸出国機構（OPEC）…サウジアラビアなどの産油国。

ヨーロッパ連合（EU）…ヨーロッパの国々。

④ ⑫適地適作　⑬企業的　⑭サンベルト　⑮シリコンバレー
⑤ ⑯アマゾン　⑰焼畑農業　⑱バイオ燃料
⑥ ⑲サンゴ礁　⑳アジア州　㉑アボリジニ

---

3 右の資料を見て，次の各問いに答えなさい。　5点×7 (35点)

(1) 地図中の **X** の経度，**Y** の緯度を，次の文を参考に
して答えなさい。

X（西経 **100** 度）**Y**（北緯 **37** 度）

X：この経線の西側は乾燥し，東側では一定の降水
量がある。

Y：この緯度以南は，サンベルトとよばれている。

(2) スペイン語を話す，中南米からアメリカ合衆国への
移民を何といいますか。（ **ヒスパニック** ）

(3) アメリカで行われている企業的な農業を，「農地」
「労働力」という語句を使って，簡単に説明しなさい。

（ （例）広大な農地を少ない労働力で経営している。 ）

(4) **Z** のシリコンバレーの説明としてあてはまるものを，次から1つ選びなさい。（ **ウ** ）

ア　石油化学や航空宇宙産業が発達している。

イ　古くから石炭を利用した鉄鋼業が発達した。

ウ　近年，情報通信技術（ICT）産業が集中している。

(5) 右のグラフを見て，次の問いに答えなさい。

① グラフの [____] にあてはまる，植物を原料として作
られる燃料を何といいますか。

（ **バイオ燃料（バイオエタノール）** ）

② ①などの再生可能エネルギーへの転換が行われてい
る理由を，次から1つ選びなさい。（ **イ** ）

ア　食料生産を増やすため。　　イ　地球温暖化を防ぐため。

ウ　鉱産資源の採掘を増やすため。　エ　熱帯林の保護をすすめるため。

グラフ　世界の[____]の
生産量の移り変わり

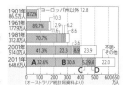

（OECD-FAO資料より）

4 右の資料を見て，次の各問いに答えなさい。　5点×3 (15点)

(1) ①オーストラリアと②ニュージーランドの先住民を
答えなさい。

①（ **アボリジニ** ）②（ **マオリ** ）

(2) 右のグラフは，オーストラリアへの移民の割合の移
り変わりを示したものです。**A**～**D**のうち，アジア州
を表しているものを1つ選びなさい。（ **B** ）

	ヨーロッパ州		ヨーロッパ州以外 12.8
1901年 86.5万人	87.2%		
1961年 177.9万人	89.7%	2.9 6.2	
1981年 312.8万人	70.7%	11.6 8.6	
2001年 514.0万人	41.3%	22.3 8.9	不明／その他 23.9
2011年 648.6万人	A 32.6%	B 30.8 C 5.2 D 9.4	22.0

0 100 200 300 400 500 600650 万人
（オーストラリア統計局資料より）

ポイント

アメリカ合衆国の産業

農業→企業的な農業，適地適作。

工業→サンベルト，シリコンバレーで情報通信技術（ICT）産業，
先端技術（ハイテク）産業の発達。

---

3 (1) **X** 西経 100 度の経線の西側では
小麦栽培や放牧が盛ん。東側では
綿花やとうもろこしが栽培されて
いる。

Y 石炭や鉄鉱石などの鉱産資源が
豊富なアメリカでは，五大湖周辺
で鉄鋼業や自動車産業が発達した。
1970 年代以降，北緯 37 度以南の
サンベルトで，先端技術産業や航
空宇宙産業などが発達した。

(2) 近年増加しており，アメリカの産
業を支えている。

(3)「広大な農地」と「少ない労働力」
というところがポイント。

(4) シリコンバレーは，サンフランシ
スコの郊外にある情報通信技術
（ICT）産業，先端技術産業が集
まる地域。アはサンベルトの
ヒューストンの説明，イは五大湖
周辺のピッツバーグの説明である。

(5) ① さとうきびやとうもろこしなど
の植物を原料として作られる燃料
を，バイオ燃料（バイオエタノー
ル）という。

② バイオ燃料は，地球環境に優し
い燃料といわれている。

4 (1) 📖参考 ヨーロッパ人が移住し
たのち，アボリジニの人口は一気
に減ったが，現在はアボリジニの
文化は保護されている。

(2) 近年，ヨーロッパ州よりも，距離
的に近いアジア州との結びつきが
大きくなってきている。

地形図・日本の特色

要点 を確認しよう　p.14〜15

1 ①縮尺　②等高線

2 ③日本アルプス　④扇状地　⑤三角州　⑥リアス海岸

3 ⑦温暖湿潤　⑧季節風　**4** ⑨高齢化　⑩少子化　⑪過疎

問題 を解こう　p.16〜17

1 (1)📖**参考** 造山帯は，山脈が連なり，火山が多く，地震活動が活発な地域である。大地の活動が活発な地域は変動帯である。

(2)資料1の扇状地は河川が山地から平地に出るところにできる扇形の地形。なだらかな斜面となっており，水はけがよい。資料2の三角州は河川が湖や海に出るところにできる三角の形をした地形。

(3)たて軸は標高，よこ軸は河口からの距離を示している。グラフの角度が直角に近いほど流れが急。

(4)⚠**注意** 季節風は，季節によってふく向きのちがう風。夏は海洋から南東の風がふいて大量の雨をもたらす。冬は大陸から北西の風がふく。

(5)地図中のaは亜寒帯（冷帯）に属する釧路市，bは日本海側の気候の金沢市，cは太平洋側の気候の名古屋市，dは瀬戸内の気候の高松市。①は夏の降水量が多く，温暖なことから太平洋側の気候，②は冬の気温が低いことから亜寒帯の気候の雨温図である。

2 (1)⭐**重要** ア〜ウの人口ピラミッドは，ウは富士山型，アはつりがね型，イはつぼ型となっている。

(2)過疎とは，人口の流出などで人口が減少し，社会生活を続けることが難しくなっている現象。ア・ウは過密地域で見られる現象。

---

1 右の資料を見て，次の各問いに答えなさい。　4点×8(32点)

(1) 日本列島が造山帯に位置することから多い自然災害を，次から2つ選びなさい。
（ ア ）（ エ ）
ア 火山の噴火　イ 冷害
ウ 洪水　エ 地震

資料1　資料2

(2) 資料1・2は川がつくる地形です。それぞれ何という地形か答えなさい。
資料1（ 扇状地 ）　資料2（ 三角州 ）

(3) 資料3は，日本と世界の川の比較を示したグラフです。世界の川とくらべた日本の川の特徴を，簡単に答えなさい。
（ （例）流れが急で，距離が短い。 ）

資料3

(4) 地図中の→は季節ごとにふく向きが変わる風です。この風を何といいますか。（ 季節風〔モンスーン〕 ）

(5) 資料4の①・②の雨温図は，地図中のa〜dのいずれのものか，それぞれ選びなさい。
①（ c ）
②（ a ）

資料4

①年平均気温16.2℃ 年降水量1579mm

②6.7℃ 1080mm

(2022年版「理科年表」より)

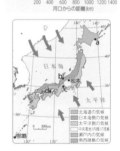

■北海道の気候
■日本海側の気候
□太平洋側の気候
□中央高地(内陸)の気候
■瀬戸内の気候
■南西諸島の気候

2 右の資料を見て，次の各問いに答えなさい。　6点×3(18点)

(1) 右のア〜ウの人口ピラミッドを，年代の古い順に並べなさい。
（ ウ → ア → イ ）

(2) 日本の過疎の地域で見られる現象を，次から2つ選びなさい。（ イ ）（ エ ）
ア 騒音やごみ問題などが生まれる。　イ 病院や学校が廃止される。
ウ 中心部の地価が上昇する。　エ 人口が流出し，高齢化が進む。

(2020/21年版「日本国勢図会」ほかより)

ポイント

北海道の気候…亜寒帯。冬の寒さが厳しい。
日本海側の気候…冬の降水量が多い。
中央高地（内陸）の気候…夏と冬の気温差が大きく年間降水量が少ない。
太平洋側の気候…夏の降水量が多い。
瀬戸内の気候…温暖で，年間降水量が少ない。
南西諸島の気候…亜熱帯。年間を通して温暖。

⑤ ⑫火力発電　⑬再生可能　⑭リサイクル
⑥ ⑮近郊農業　⑯食料自給率　⑰養殖漁業　⑱太平洋ベルト　⑲加工貿易
　　⑳産業の空洞化　㉑第三次産業　㉒ICT

---

3 右の資料を見て，次の各問いに答えなさい。
6点×3 (18点)

(1) グラフのa～cのうち，原子力発電を表しているものを1つ選びなさい。（　c　）

(2) ①火力発電，②原子力発電の特徴を，次からそれぞれ選びなさい。
①（　ウ　）②（　ア　）

ア 発電時に二酸化炭素を排出しない。
イ 再生可能エネルギーとして注目されている。
ウ 温室効果ガスの排出が多い。
エ ダムが必要なため，内陸部に位置する。

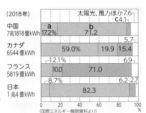

（2018年）　太陽光，風力ほか7.6

	a	b	c4.1
中国 7兆1818億kWh	17.2%	71.2	

			5.7
カナダ 6544億kWh	59.0%	19.9	15.4

	12.1%		6.9
フランス 5819億kWh	10.0	71.0	

	8.7%		6.2 2.7
日本 1兆4億kWh		82.3	

0　20　40　60　80　100　%
（国際エネルギー機関資料より）

4 次の各問いに答えなさい。
4点×8 (32点)

(1) 稲作が特に盛んなところを，次から2つ選びなさい。
（　東北　）地方（　北陸　）
東北　北陸　関東　九州

(2) 近郊農業が大都市周辺で発達している理由を，次から1つ選びなさい。（　エ　）

ア 暖かい気候を利用して，早く出荷できるから。
イ 狭い土地でも野菜の生産はできるから。
ウ 涼しい気候を利用して，遅く出荷できるから。
エ 市場に近く，新鮮なまま出荷できるから。

(3) 資料1のア～エから，①米，②魚介類にあてはまるものを，次の文を参考にして，それぞれ選びなさい。①（　ア　）②（　エ　）

① 自給率がほぼ100%である。
② 4つのうち，最も急激に自給率が低下した。

(4) 資料2のX～Zのうち，中京工業地帯にあてはまるものを選びなさい。（　Z　）

(5) 北九州から関東にかけて臨海型の工業地域が発達した帯状の地域を何といいますか。（　太平洋ベルト　）

(6) 資料2の北関東工業地域は，三大工業地帯と違い，内陸部に発達した工業地域です。内陸部に工業地域が進出することになった理由を，簡単に答えなさい。
（　（例）高速道路網などの交通網が整備されたから。　）

資料1　食料自給率の移り変わり

米　野菜　果実　小麦　肉類

1960 65 70 75 80 85 90 95 2000 05 10 15 18 （年度）
（食料需給表）ほかより

資料2　主な工業地帯・地域の工業出荷額

	機械	金属	化学	食品10.9 その他
X 34兆5443億円	37.7%	20.9	16.8	12.4
			せんい1.3	10.9
Y 26兆4195億円	49.3%	8.9	18.0	12.5
			0.4	0.7
Z 60兆2425億円	69.1%		9.6	9.6
			6.4	4.6
北関東工業地域 31兆5526億円	44.8%	14.3	15.3	14.8
			10.2	0.6

（2018年）　※X～Zは三大工業地帯のいずれか　（2021/22年版「日本国勢図会」より）

---

3 (1)中国は石炭が豊富にとれることから火力発電が多い。カナダは水力発電が盛ん。フランスは資源が少ないことから原子力発電の割合が大きい。よって，aは水力発電，bは火力発電，cが原子力発電。

(2)①火力発電は地球温暖化の原因となる二酸化炭素などの温室効果ガスを多く出す。②原子力発電は，発電時に二酸化炭素を出さない。イの再生可能エネルギーとは，太陽光や地熱，バイオマスなどのくり返し使うことができるエネルギーのこと。

4 (1)東北地方や北陸は稲作だけを行う地域も多く，日本の穀倉ともいわれる。

(2)近郊農業とは，都市の近くで行われる農業。市場に近く輸送に時間がかからないことから，野菜や牛乳などを新鮮なまま出荷できる。

(3)アは米，イは野菜，ウは肉類，エは魚介類のグラフ。

(4)☆重要 中京工業地帯は日本で最大の製造品出荷額をほこる工業地帯で，豊田市があり輸送機械工業が盛ん。

(5)工業原料や製品の輸送に便利なことから，臨海部に発達した。

(6)「高速道路網」などの交通網が整備されたことがポイント。

ポイント ②

日本の農業
近郊農業…市場への近さを生かして行われる。
施設園芸農業…ビニールハウスなどを利用する。
促成栽培…暖かい気候を利用して，出荷時期をずらす。
高原野菜の抑制栽培…涼しい気候を利用して出荷時期をずらす。

要点 を確認しよう　p.18〜19

❶ ①カルデラ　②地熱発電　③促成栽培
❷ ④ため池　⑤過疎　⑥石油化学
❸ ⑦大阪大都市圏　⑧中小企業

問題 を解こう　p.20〜21

1 (2)シラスが広がる九州南部では,畜産が盛ん。鹿児島県や宮崎県で飼育される肉牛や肉用若鶏の数は,日本の中でも多い。

(3)Yはシラス台地で畜産が盛ん。Zは筑紫平野で,気候が温暖なことから,昔から,米の裏作に麦などをつくる二毛作が行われてきた。

(4) **⚠注意** Aは北九州工業地域。1901年に官営の八幡製鉄所がつくられ,日本の近代産業の発展を支えた。aの製鉄などの金属工業にかわって,bの電気機械工業や自動車工業の割合が大きくなっている

2 (1)Aは明石海峡大橋と大鳴門橋がかかる,神戸ー鳴門ルート。Bは瀬戸大橋がかかる児島ー坂出ルート。Cは通称,瀬戸内しまなみ海道とよばれる尾道ー今治ルート。

(2)aは鳥取市で日本海側の気候,bは高松市で瀬戸内の気候,cは高知市で太平洋側の気候。資料1は年間を通じて降水量が少なく,b。

(3)Xは大阪湾。Xの臨海部に広がる阪神工業地帯は,三大工業地帯の一つである。内陸部の東大阪市や八尾市には高い技術を持った中小企業が多い。

(4)京都や奈良には古代に都が置かれたことから,現在も歴史的な街並みが多く残っている。歴史的景観を「守る」ことにふれていれば正解。

---

1 右の資料を見て,次の各問いに答えなさい。　4点×8（32点）

(1) 地図中の**W・X**の火山の名前を,それぞれ答えなさい。
　W（　阿蘇山　）X（　桜島〔御岳〕　）

(2) 地図中の**Y**に広がる火山灰土を何といいますか。（　シラス　）

(3) 地図中の**Y・Z**の地域で行われている農業についてあてはまるものを,次から選びなさい。　Y（　ウ　）Z（　イ　）

ア　暖かい気候を利用した促成栽培が盛ん。
イ　米の裏作に麦をつくる二毛作が行われている。
ウ　農地には向かないため,畜産が盛ん。
エ　パイナップルなどの果樹栽培が盛ん。

(4) 資料を見て,次の問いに答えなさい。

① 資料は,地図中の**A**の地域を中心に栄えた工業地域のものです。□□□にあてはまる語句を答えなさい。（　北九州　）

② 資料中の**a〜d**のうち,機械,金属を示すものをそれぞれ選びなさい。
　機械（　b　）金属（　a　）

資料　□工業地域の工業生産の変化

	工業生産額は4人以上の事業所				せんい1.8
1960年 0.6兆円	a 42.7%	b 8.5	c 15.1	d 13.1	その他 18.8
2018年 10.3兆円	16.5%	46.3		16.9	13.6

6.1　0.6
（2021/22年版「日本国勢図会」ほかより）

2 右の地図を見て,次の各問いに答えなさい。　4点×3, (4)は6点（18点）

(1) 地図中の**A〜C**の3つのルートをまとめて何といいますか。
（　本州四国連絡橋　）

(2) 資料1の雨温図にあてはまる都市を,地図中の**a〜c**から1つ選びなさい。（　b　）

(3) **X**の臨海部に広がる工業地帯を何といいますか。（　阪神工業地帯　）

資料1

年平均気温 16.7℃
年降水量 1150mm
（2022年版「理科年表」より）

(4) 資料2は京都で見られる街並みの様子です。このような景観が見られる理由を,「条例」という語句を使って,簡単に答えなさい。

（（例）歴史的景観を守るために条例が定められているから。）

資料2

ポイント

九州地方…火山の多い地形→温泉が多い,地熱発電などの利用
中国・四国地方…本州四国連絡橋の開通により,地方の商業が衰退。過疎の問題。
近畿地方…古代に都が置かれた→歴史的な街並みの保存。
　　　　　　阪神工業地帯には高い技術力を持つ中小企業。

④ ⑨地場産業　⑩高原野菜　⑪輸送機械工業　⑫施設園芸農業

⑤ ⑬首都　⑭京浜工業地帯　⑮近郊農業

⑥ ⑯やませ　⑰潮目　⑱伝統的工芸品　⑦ ⑲アイヌの人々　⑳酪農　㉑世界遺産

3 右の資料を見て，次の各問いに答えなさい。 5点×4（20点）

(1) 資料1中の**X**にあてはまる工業製品を，次から1つ選びなさい。（　エ　）

ア　鉄鋼　　イ　食料品

ウ　造船　　エ　自動車

(2) 資料2の**Y**にあてはまる果物を，次から1つ選びなさい。（　ア　）

ア　ぶどう　イ　うめ　ウ　りんご　エ　みかん

(3) 地図中の**Z**の地域について，次の問いに答えなさい。

① 伝統的工芸品をつくる産業を何といいますか。（　伝統産業　）

② ①や地場産業が**Z**の地域で盛んな理由を，気候に注目して，簡単に答えなさい。

（ (例)雪におおわれて農業ができない冬の間の，副業として発達したから。 ）

4 右の資料を見て，次の各問いに答えなさい。 5点×6（30点）

(1) 資料1の ▨ の地域について述べた次の文の □①，②にあてはまる語句をあとからそれぞれ選びなさい。

①（　夜間　）②（　昼間　）

昼間　夜間

千代田区など ▨ の地域は，通勤や通学で人が通ってくるため，ロ①人口よりも，②人口のほうが多い。

(2) 資料2について，夏に→の風がふくと起こる自然災害の内容を，次から1つ選びなさい。（　ア　）

ア　作物の育ちが悪くなる。　イ　火山灰が降る。

ウ　集中豪雨が降る。　　　　エ　津波が起こる。

(3) 資料3の**X**〜**Z**の地域でさかんな農業を，次からそれぞれ選びなさい。

X（　イ　）**Y**（　エ　）**Z**（　ア　）

ア　酪農　イ　稲作　ウ　遊牧　エ　畑作

資料1　名古屋港の輸出額の内訳

	自動車部品		電気計測機器3.4	
名古屋港 10.4兆円 (2020年)	X 24.6%	16.6		その他 51.3

内燃機関4.1

（2021/22年版「日本国勢図会」ほかより）

資料2　Y の生産量の都県別割合

	山形		福岡4.4	
Y 17.3万t (2019年)	山梨 21.4%	長野 18.4	9.5 9.1	その他 37.2

岡山

（「果樹生産出荷統計」より）

資料1　東京23区の昼夜間人口

※（ ）内の数値は夜間人口を1.0としたときの昼間人口の割合。（「国勢調査報告」平成27年）

資料2　　**資料3**

ポイント

中部地方…北陸は伝統産業，中央高地は果樹や高原野菜の栽培が盛ん。東海は中京工業地帯や東海工業地域がある。

関東地方…日本の首都…情報，企業，政治，文化が集まる。

東北地方…やませによる冷害。工業団地の進出。

北海道地方…石狩平野は稲作，十勝平野は畑作，根釧台地は酪農。

---

3 (1)名古屋港は，中京工業地帯の出荷の中心となる港。中京工業地帯には豊田市があり，自動車（輸送用機械）工業が盛ん。

(2)山梨県と長野県で多いことからぶどうと判断する。うめは和歌山県，りんごは青森県，長野県，岩手県，みかんは和歌山県，愛媛県，静岡県などで生産が多い。

(3)☆重要 **Z**の地域は，中部地方の中でも北陸とよばれる地域である。日本海側の気候のため，冬に雪が多く，農作業ができない。そのため，冬の間にできる副業が発達した。

4 (1)☆重要 東京の都心部には，官公庁や大企業の本社，報道機関，大学などが集まっており，郊外から通勤や通学に通ってくる人が多い。一方，郊外では，夜間人口が多くなる。

(2)☆重要 →の風はやませである。やませは初夏に寒流である親潮（千島海流）の上をふいてくる冷たい風で，霧をもたらす。やませがふくと，気温が上がらず，農作物の育ちが悪くなる。

(3)⚠注意 **X**は石狩平野，**Y**は十勝平野，**Z**は根釧台地。**X**の石狩平野は土地改良を行い，米の有名な生産地となった。根釧台地は濃霧がよく発生し，夏に気温が上がらないことから，酪農が盛ん。

要点 を確認しよう　p.22〜23

1 ①打製石器　②磨製石器　③象形文字　④甲骨文字　⑤漢
　　⑥ポリス　⑦ローマ

2 ⑧稲作　⑨卑弥呼　⑩大和政権　⑪古墳

問題 を解こう　p.24〜25

1 (1)卑弥呼の治めていた邪馬台国については、「魏志倭人伝」に書かれている。

(2)Bは弥生時代〜飛鳥時代。アは新石器時代、イは奈良時代、ウは縄文時代のできごと。

(3)十七条の憲法は、聖徳太子（厩戸皇子）が仏教や儒教（儒学）の考えを取り入れて、役人の心得について示したもの。

(4)★重要 大化の改新とは、中大兄皇子、中臣鎌足らが行った政治改革のことをいう。この改革のなかで、それまで豪族が支配していた土地と人民は国家のものであるとする、公地・公民を行った。

(5)📖参考 壬申の乱とは、天智天皇の後継ぎをめぐる争い。

(7)班田収授法とは、戸籍に登録された6歳以上の男女に口分田をあたえ、死ぬと国に返させた制度。口分田の不足から743年に墾田永年私財法を出した。

(8)「仏教」に頼って「国を守る」ことが書かれていれば正解。

(9)★重要 藤原道長、頼通親子のときに摂関政治が最も栄えた。藤原氏は、娘を天皇のきさきとし、そのきさきの子を次の天皇にして、天皇の祖父となり、天皇が幼いときは摂政、成人してからは関白の地位に就いて政治を行った。

(10)大宝律令の制定は701年のこと。

---

1 右の年表を見て、次の各問いに答えなさい。　5点×12（60点）

(1) Aの卑弥呼が治めていた国を何といいますか。　（ 邪馬台国 ）

(2) Bの期間のできごとを、次から1つ選びなさい。　（ エ ）
　ア 人々は磨製石器を使い始めた。
　イ 人々は租・調・庸などを負担した。
　ウ 祈るために土偶が作られ始めた。
　エ 古墳の上には埴輪が並べられた。

(3) Cの下線部は、だれに対して出されたものか、次から1つ選びなさい。　（ イ ）
　ア 天皇　イ 役人　ウ 農民

(4) Dの下線部の改革を始めた人物を、次から2人選びなさい。
　（ 中大兄皇子 ）（ 中臣鎌足 ）
　中大兄皇子　大海人皇子　中臣鎌足　蘇我蝦夷

(5) Eの戦いに勝利し、即位した天皇はだれですか。　（ 天武天皇 ）

(6) 年表中のX・Yにあてはまる都の名前を答えなさい。
　X（ 平城京 ）Y（ 平安京 ）

(7) Fの下線部が出された理由を述べた、次の文の□□□にあてはまる語句を答えなさい。　（ 口分田 ）
　班田収授法により、6歳以上の男女に配っていた□□□が不足してきたから。

(8) Gについて、聖武天皇はどのような目的で大仏を建立したのか、簡単に答えなさい。
　（ (例)仏教の力に頼って、国家を守るため。 ）

(9) Hのころに藤原氏によって行われていた政治を何といいますか。　（ 摂関政治 ）

(10) 次のできごとを年表中に加えるとすると、P〜Rのいずれにあてはまるか、答えなさい。　（ P ）
　「大宝律令が制定される」

年	主なできごと
239	卑弥呼が魏に使いを送る……A
	⇕ B
604	聖徳太子が十七条の憲法を定める……C
645	大化の改新が始まる……D
672	壬申の乱が起こる……E
	⇕ P
710	都が X に移される
	⇕ Q
743	墾田永年私財法が出される……F
752	東大寺の大仏が建立される……G
794	都が Y に移される
	⇕ R
1016	藤原道長が摂政になる……H

ポイント

聖徳太子の政治…十七条の憲法、冠位十二階、遣隋使の派遣。
大化の改新 天皇中心の国づくり。公地・公民…班田収授法
律令政治 701年に大宝律令が制定される。人々の負担…租・調・庸のほか、兵役など。
摂関政治 藤原氏が行う…天皇の親戚となって、摂政と関白の地位を独占。

③ ⑫十七条の憲法　⑬冠位十二階　⑭大化の改新　⑮壬申の乱　⑯大宝律令
④ ⑰平城京　⑱租　⑲墾田永年私財法　⑳聖武天皇　㉑万葉集
⑤ ㉒平安京　㉓摂関政治　㉔紫式部　㉕清少納言

---

2 右の地図を見て、次の各問いに答えなさい。　　4点×5 (20点)

(1) 地図中のX・Yにあてはまる河川名を答えなさい。

X（　ナイル川　）
Y（　インダス川　）

(2) 地図中のA・Dの文明の様子としてあてはまるものを、次からそれぞれ選びなさい。

A（　エ　）　D（　イ　）

ア　月の満ち欠けによる太陰暦が用いられた。
イ　占いの結果に甲骨文字が使用された。
ウ　モヘンジョ＝ダロなどの都市遺跡がある。　エ　王の墓としてピラミッドが建設された。

(3) 紀元前8世紀ごろ、地図中のZで行われていた政治について述べた、次の文の　　　　にあてはまる語句を、あとから1つ選びなさい。（　ア　）
アテネでは、市民全員が参加して民会を開いて国のことを決める　　　　が行われていた。

ア　民主政　イ　帝政　ウ　共和政　エ　律令政治

3 右の資料を見て、次の各問いに答えなさい。　　4点×5 (20点)

(1) 資料1の上や周囲に置かれていたものを、次から1つ選びなさい。

（　ウ　）

ア　土偶　イ　打製石器
ウ　埴輪　エ　須恵器

資料1　　資料2

(2) 資料2の正倉院について、次の問いに答えなさい。

①　正倉院がある寺院を答えなさい。
（　東大寺　）

②　正倉院に納められている、いくつかの品々を唐（中国）から持ち帰ったのはどのような人々だと考えられますか。（　遣唐使　）

資料3

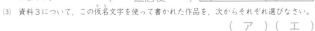

(3) 資料3について、この仮名文字を使って書かれた作品を、次からそれぞれ選びなさい。
（　ア　）（　エ　）

ア　枕草子　イ　万葉集　ウ　古事記　エ　源氏物語

---

2 (1) ⚠注意 Xはナイル川で、流域でエジプト文明が栄えた。Yはインダス川。流域でインダス文明が栄えた。

(2) Aはエジプト文明で、ピラミッドがつくられ、象形文字が使用された。Dは中国文明で、甲骨文字が使用された。アはメソポタミア文明、イは中国文明、ウはインダス文明、エはエジプト文明の様子である。

(3) Zはギリシャ。ポリス（都市国家）が発達し、市民とよばれる成年男子による民主政が行われていた。

3 (1) 資料1は前方後円墳という形の古墳。アは縄文時代にまじないに使われたと考えられている土製の人形、イは旧石器時代に使われた石器、エは古墳時代に朝鮮半島から渡ってきた渡来人によって伝えられた固い土器。

(2) ①資料2の正倉院は東大寺にある。②遣唐使は唐で学んだ知識や品物を日本に持ち帰った。

(3) 資料3の仮名文字がつくられたのは平安時代。アの「枕草子」は清少納言、エの「源氏物語」は紫式部によって書かれた。イの「万葉集」は奈良時代にまとめられた歌集。ウの「古事記」は奈良時代にまとめられた歴史書。

ポイント

縄文文化…縄文土器，土偶　　弥生文化…弥生土器，青銅器
古墳文化…前方後円墳，埴輪
飛鳥文化…日本で初めての仏教文化→法隆寺
天平文化…唐の影響を受けた国際的な文化。
国風文化…日本独自に発達した文化。
　仮名文字，紫式部「源氏物語」，清少納言「枕草子」

要点 を確認しよう ▶ p.26〜27

1 ①院政　②太政大臣

2 ③源頼朝　④地頭　⑤奉公　⑥執権　⑦御成敗式目
　　⑧二毛作　⑨定期市　⑩元寇　⑪足利尊氏

問題 を解こう ▶ p.28〜29

1 (1)Aの院政とは，天皇の位を退いた後，上皇となって政治を行うこと。Dの承久の乱は，後鳥羽上皇が，鎌倉幕府から朝廷に権力を取り戻そうとして起こした戦い。

(2)アは939年，イは645年，ウは1167年，エは1336年のできごと。

(3)★重要 将軍と御家人は土地を通じて主従関係を結んでいた。

(4)武家のしきたりをまとめた御成敗式目（貞永式目）は，その後，長く武家社会の法律の手本とされた。

(5)元の初代皇帝であるフビライ・ハンにより，元軍が2度にわたって攻めてきた。

(6)「貴族を重視」「武士の不満」の2点が書かれていれば正解。

(7)明は，大陸沿岸を荒らし，貿易品をうばったりしていた倭寇の取り締まりを求めていた。

(8)座の特権を廃止することで，商工業を活発にしようとした。

(9)⚠注意 刀狩は，百姓から武器を取り上げた政策。太閤検地は，土地を調べ，百姓に土地の耕作権を認めた。

(10)応仁の乱後，室町幕府の支配力が弱まり，各地で実力のある者が上の身分の者を倒し，とってかわる下剋上の風潮が広まった。

---

1 右の年表を見て，次の各問いに答えなさい。　4点×13(52点)

(1) A・Dのできごとに最も関係の深い人物を，次からそれぞれ選びなさい。

A（　白河上皇　）
D（　後鳥羽上皇　）

後鳥羽上皇　後白河上皇
白河上皇　桓武天皇

年	主なできごと
1086	院政が始まる‥‥‥‥‥‥‥‥‥A
	⇕ B
1192	源頼朝が征夷大将軍となる‥‥‥C
1221	承久の乱が起こる‥‥‥‥‥‥‥D
1232	北条泰時が武家の慣習をまとめる‥‥E
1274	文永の役，弘安の役（1281）‥‥‥F
1334	建武の新政が行われる‥‥‥‥‥G
1338	足利尊氏が京都に幕府を開く‥‥H
1404	日明貿易が始まる‥‥‥‥‥‥‥I
1467	応仁の乱が起こる‥‥‥‥‥‥‥J
1573	織田信長が室町幕府をほろぼす‥‥K
1590	豊臣秀吉が全国を統一する‥‥‥L

(2) Bの期間のできごとを，次から1つ選びなさい。　（ ウ ）

ア 平将門が関東で反乱を起こした。
イ 大化の改新で蘇我氏が倒れた。
ウ 平清盛が太政大臣になった。
エ 後醍醐天皇が吉野に逃れ南朝を開いた。

(3) Cについて，将軍と御家人の関係を表した，X・Yにあてはまる語句を答えなさい。

将軍 ── X …土地を与える → 御家人
　　 ← Y …将軍のために戦う ──

X（　御恩　）
Y（　奉公　）

(4) Eで定められた法を何といいますか。　（ 御成敗式目〔貞永式目〕 ）

(5) Fのできごとを何といいますか。　（ 元寇 ）

(6) Gが2年余りで失敗に終わった理由を，簡単に答えなさい。
（ （例）貴族重視の政治に武士が不満を持ったから。 ）

(7) Iについて，この貿易で勘合が使われた理由を説明した，次の文の▢▢▢にあてはまる語句を答えなさい。　（ 倭寇 ）
正式な貿易船と大陸沿岸を荒らしていた▢▢▢を区別するため。

(8) 右の資料は，年表中のKの織田信長が安土城下に出した法令です。X・Yにあてはまる語句を答えなさい。
X（　座　）Y（　税　）

— この安土の町は楽市としたので，いろいろな X は廃止し，さまざまな Y は免除する。（部分要約）

(9) Lの豊臣秀吉が行った，刀狩と太閤検地により，武士と農民の区別が明らかになったことを何といいますか。
（ 兵農分離 ）

(10) 下剋上の風潮が広まるきっかけとなったできごとを，年表中のD，H，J，Lのうちから1つ選びなさい。　（ J ）

ポイント

院政…天皇が位を譲ったあとに上皇となって政治を行う。
執権政治…北条氏が執権の地位に就いて政治を行う。
建武の新政…後醍醐天皇の政治。
織田信長の政治…楽市・楽座
豊臣秀吉の政治…刀狩・太閤検地→兵農分離

③ ⑫建武の新政　⑬守護大名　⑭応仁の乱　⑮下剋上　⑯座　⑰惣

④ ⑱ルネサンス　⑲宗教改革　⑳鉄砲　㉑キリスト教

⑤ ㉒楽市・楽座　㉓刀狩　㉔兵農分離　㉕桃山文化　㉖南蛮文化

---

2 右の地図を見て，次の各問いに答えなさい。　　　4点×7(28点)

(1) 地図中の★の都市奪還のために，ローマ教皇が派遣した軍隊を何といいますか。　（　十字軍　）

(2) 地図中のイタリアでおこったルネサンスについて，正しいものを次から1つ選びなさい。　（　イ　）
ア　イエズス会が世界に広めた。
イ　古代ギリシャの文化を手本とした。
ウ　ルターがカトリック教会を批判したことから始まった。

(3) 大航海時代の先駆けとなった，X・Yにあてはまる国を答えなさい。
X（　ポルトガル　）　Y（　スペイン　）

(4) a～cの航路をたどった人物・船隊を，あとからそれぞれ選びなさい。
a（　コロンブス　）　b（バスコ・ダ・ガマ）　c（　マゼラン船隊　）
マゼラン船隊　コロンブス　バスコ・ダ・ガマ

3 右の資料を見て，次の各問いに答えなさい。　　　4点×5(20点)

(1) 資料1の琵琶法師が語った軍記物を，次から1つ選びなさい。　（　エ　）
ア　源氏物語　　イ　古事記
ウ　方丈記　　　エ　平家物語

(2) 鎌倉時代に広まった仏教の教えと説いた人物の組み合わせとして正しいものを，次から1つ選びなさい。　（　ウ　）
ア　法然－浄土真宗　　イ　栄西－曹洞宗
ウ　一遍－時宗　　　　エ　親鸞－日蓮宗

(3) 銀閣について，次の問いに答えなさい。
① 銀閣を建てた，室町幕府の将軍を答えなさい。
（　足利義政　）
② 銀閣と同じ敷地に建てられた東求堂同仁斎に用いられている建築様式を何といいますか。
（　書院造　）

(4) 資料2の唐獅子図屏風を描いた人物を，次から1つ選びなさい。　（　ア　）
ア　狩野永徳　　イ　運慶　　ウ　雪舟　　エ　観阿弥

資料1

資料2

ポイント

鎌倉文化…素朴で力強い文化。
　金剛力士像，軍記物「平家物語」
室町文化…武家と公家の文化が融合した文化。
　金閣，能（観阿弥・世阿弥），銀閣，東求堂同仁斎（書院造），
　雪舟の水墨画
桃山文化…大名や豪商の華やかな文化。
　天守，姫路城，狩野永徳，千利休

---

2 (1)地図中の★はエルサレムを表している。エルサレムは，キリスト教，イスラム教，ユダヤ教の聖地。11世紀にはイスラム教の支配下にあり，キリスト教のローマ教皇はエルサレムを取りもどすために，十字軍を送った。

(2)十字軍によってイスラム世界にふれたことで，古代ギリシャやローマに見られる人間らしさを表現するルネサンス(文芸復興)がおこった。アは，宗教改革の後，カトリック教会内部で行われた改革の内容。ウは，宗教改革の内容。

3 (1)アの「源氏物語」は平安時代に紫式部が書いた小説，イの「古事記」は奈良時代にまとめられた歴史書，ウの「方丈記」は鎌倉時代に鴨長明が書いた随筆である。

(2)⚠注意　アの法然は浄土宗。イの栄西は臨済宗，曹洞宗を開いたのは道元である。エの親鸞は浄土真宗，日蓮宗を開いたのは日蓮。

(3)②★重要　書院造には，畳，違い棚，障子などが見られ，現代和風建築のもととなっている。

(4)イの運慶は，快慶らとともに東大寺南大門にある金剛力士像をつくった鎌倉時代の人物である。ウの雪舟は室町時代に水墨画を完成させた人物である。エの観阿弥は，室町時代に能を完成させた人物である。

要点 を確認しよう　　p.30〜31

1. ①徳川家康　　②参勤交代
2. ③日本町　　④出島
3. ⑤蔵屋敷　　⑥株仲間　　⑦工場制手工業
4. ⑧徳川綱吉　　⑨上方
5. ⑩公事方御定書　　⑪田沼意次　　⑫寛政の改革　　⑬水野忠邦

問題 を解こう　　p.32〜33

1
(1) 徳川慶喜は朝廷に政権を返上した江戸幕府最後の15代将軍，徳川綱吉は極端な動物愛護政策の生類憐みの令を出した5代将軍。

(2) 📖参考 江戸と領地を1年ごとに往復する参勤交代は，大名にとって江戸での滞在費用や往復にかかる費用の負担が大きかった。

(3) 島原・天草一揆は，キリスト教信者を中心とする人々が，少年の天草四郎（益田時貞）を大将として起こした一揆。この一揆ののち，江戸幕府は，鎖国の体制をかためた。ア，ウ，エは，室町時代に起こった一揆。

(4) 📖参考 アの対馬藩は朝鮮と，イの松前藩はアイヌ民族との交易の窓口となった藩である。

(5) 大阪には多くの藩の蔵屋敷が置かれ，全国から年貢米や特産物などが集まった。

(7) 日本近海にロシアやアメリカ，イギリスなどの外国船が多く現れるようになったので，異国船打払令（外国船打払令）を出した。

(8) ⚠注意 「領事裁判権（治外法権）」とは，外国人が罪を犯したときに，その外国の法で裁く権利。「関税自主権」とは，輸入品に自由に関税をかけることができる権利。

(9) アは1866年，イは1837年，ウは1853年。

---

1 右の年表を見て，次の各問いに答えなさい。　　4点×15(60点)

(1) A・Bのできごとに最も関係の深い人物を，次からそれぞれ選びなさい。

A（　徳川家康　）
B（　徳川家光　）

徳川慶喜　徳川綱吉　徳川家光　徳川家康

(2) Bの下線部について述べた次の文のX・Yにあてはまる語句を答えなさい。

X（　　江戸　　）
Y（　　領地　　）

X と大名の Y を1年おきに往復する制度。

(3) C にあてはまるできごとを，次から1つ選びなさい。（　イ　）

ア　正長の土一揆　　イ　島原・天草一揆
ウ　加賀の一向一揆　　エ　山城の国一揆

(4) D の体制のもとで，琉球王国と交易を行った藩を，次から1つ選びなさい。（　ウ　）

ア　対馬藩　　イ　松前藩　　ウ　薩摩藩

(5) E について，三都のうち，商業が発展し，「天下の台所」とよばれた都市を答えなさい。

（　　大阪　　）

(6) F，G，H，Jの4つの政治の内容を，次からそれぞれ選びなさい。

F（　エ　）G（　イ　）H（　ア　）J（　オ　）

ア　ききんに備えて農村に米を蓄えさせた。
イ　株仲間を積極的に認め，長崎貿易を活発化させた。
ウ　外様大名を江戸から遠くに配置した。
エ　裁判の基準となる公事方御定書を制定した。
オ　株仲間の解散を命じた。

(7) 右の資料は，年表中の I にあてはまる法令です。この法令を何といいますか。（　異国船打払令〔外国船打払令〕　）

資料
…（略）…今後はどこの海辺の村においても，外国船が乗り寄せてきたのを見たならば，その村にいる人々で，ためらうことなく，ひたすら撃退せよ。

(8) K について，この条約が不平等とされた内容を，2つ簡単に答えなさい。

（（例）領事裁判権（治外法権）を認めたこと。）（（例）関税自主権がないこと。）

(9) L の期間のできごとを，次から1つ選びなさい。（　ア　）

ア　薩長同盟が結ばれる　　イ　大塩の乱が起こる　　ウ　ペリーが浦賀に来航する

年	主なできごと
1603	江戸に幕府が開かれる……A
1635	参勤交代が制度化される……B
1637	◻C が起こる
1641	鎖国の体制が完成する……D
	‡三都が発展する……E
1716	徳川吉宗の享保の改革……F
1772	田沼意次の政治……G
1787	松平定信の寛政の改革……H
1825	◻I を出す
1841	水野忠邦の天保の改革……J
1858	日米修好通商条約を結ぶ……K
	‡L
1868	王政復古の大号令が出される

ポイント

江戸幕府の政治…武家諸法度の制定，参勤交代を制度化。

徳川吉宗の享保の改革…公事方御定書の制定，目安箱の設置，上げ米の制。

田沼意次の政治…株仲間の奨励，長崎貿易の活発化。

松平定信の寛政の改革…ききんに備えて米を蓄える。

水野忠邦の天保の改革…株仲間の解散

⑥ ⑭国学　⑮蘭学
⑦ ⑯名誉革命　⑰フランス革命　⑱独立戦争　⑲南北戦争　⑳アヘン戦争　㉑インド大反乱
⑧ ㉒日米和親　㉓日米修好通商　㉔尊王攘夷　**⑨** ㉕薩長同盟　㉖大政奉還

---

2 右の資料を見て，次の各問いに答えなさい。　　　　　4点×5（20点）

(1) アヘン戦争の様子を描いた資料中の**X**の船の国について
述べた文を，次から1つ選びなさい。　　（　ア　）
　ア 名誉革命の最中に権利章典が出された。
　イ リンカン大統領が奴隷解放宣言を出した。
　ウ 自由と平等をうたった人権宣言が出された。
　エ 独立戦争に勝利し，独立を果たした。

(2) **X**の船は蒸気で動く船です。18世紀に**X**の船の国で蒸気機関が改良され，機械による
生産技術の向上で，社会のしくみが変わったことを何といいますか。
　　　　　　　　　（　産業革命　）

(3) 右の図は，アヘン戦争の原因となった貿易を示しています。
A〜**C**にあてはまる貿易品を，あとからそれぞれ選びなさい。
　　　　A（　ウ　）　**B**（　イ　）　**C**（　エ　）
　ア 絹織物　**イ** 綿織物　**ウ** 銀　**エ** アヘン

茶・絹
イギリス　**A**　中国（清）
三角貿易
工業製品　**B**　インド　**C**
19世紀前半

3 右の資料を見て，次の各問いに答えなさい。　　　　　4点×5（20点）

資料1

(1) 資料1の見返り美人図が描かれたころに活躍した人物とその作品の
組み合わせとして正しいものを，次から1つ選びなさい。（　ア　）
　ア 近松門左衛門－人形浄瑠璃の脚本　**イ** 井原西鶴－俳諧（俳句）
　ウ 曲亭（滝沢）馬琴－「南総里見八犬伝」
　エ 松尾芭蕉－浮世草子

(2) 資料2の富嶽三十六景が描かれたころの学問について，次の問いに
答えなさい。

資料2

　① 「古事記伝」を著し，国学を完成させた人物を答えなさい。
　　　　　　（　本居宣長　）
　② 杉田玄白らが，オランダの解剖書を翻訳して，出版した
　　本を何といいますか。　　（　解体新書　）

(3) 資料1・資料2を描いた人物を，次からそれぞれ選びな
さい。　　　　資料1（　ウ　）資料2（　エ　）
　ア 喜多川歌麿　**イ** 歌川広重
　ウ 菱川師宣　**エ** 葛飾北斎

ポイント

元禄文化…上方で栄えた活気ある町人文化。
　井原西鶴（浮世草子），近松門左衛門（人形浄瑠璃の脚本），
　松尾芭蕉「奥の細道」（俳句），菱川師宣（浮世絵）
化政文化…皮肉やしゃれのきいた江戸の庶民文化。
　曲亭（滝沢）馬琴「南総里見八犬伝」，与謝蕪村・小林一茶（俳諧）
　錦絵…東洲斎写楽，葛飾北斎，歌川広重，喜多川歌麿

---

2 (1)・(2)資料は，中国（清）とイギ
リスの間で起こったアヘン戦争の
様子である。Xの船は帆がなく，
煙突があるため，産業革命が起
こったイギリスの船である。中国
の船は風で動く帆船である。

(3)イギリスは，中国との貿易が赤字
続きだったので，インドで栽培し
たアヘンを中国に密輸し，銀がイン
ドを通じてイギリスに戻ってく
るしくみをつくりあげた。これを
三角貿易という。

3 (1)資料1は，元禄文化で活躍した，
菱川師宣の作品である。イの井原
西鶴は，元禄文化で活躍した人物
で，浮世草子の作者である。ウの
曲亭（滝沢）馬琴は，化政文化で
活躍した人物で，「南総里見八犬
伝」を書いた。エの松尾芭蕉は元
禄文化で活躍した人物で，俳諧（俳
句）の社会的な地位を高め，紀行
文「奥の細道」を書いた。

(2)資料2は，化政文化で活躍した葛
飾北斎の作品である。①このころ，
昔からの日本の精神を明らかにし
ようとする国学を本居宣長が完成
させた。西洋の学問をオランダ語
で学ぶのは蘭学。

(3)アの喜多川歌麿は化政文化で活躍
し，美人画を得意とした。イの歌
川広重は化政文化で活躍し，風景
画を得意とした。

8日目 近代～現代（明治時代～）

要点を確認しよう p.34～35

① ①廃藩置県　②地租改正　③文明開化　④自由民権運動　⑤大日本帝国憲法
　⑥岩倉使節団　⑦陸奥宗光　⑧小村寿太郎　⑨日清戦争　⑩三国干渉　⑪日露戦争　⑫韓国

② ⑬夏目漱石　⑭横山大観

問題を解こう p.36～37

1 (1) ☆**重要** 土地の所有者に地券を発行し，土地の値段（地価）の３％を地租として現金で納めさせることにした。江戸時代までは米の収穫高によって年貢が決まり，収入が不安定だったが，地価を基準にしたことで，政府の財政は安定した。

(2)アは1885年，イは1874年，ウは1889年，エは1881年のできごと。

(3) 📖**参考** 不平等条約の改正の交渉のため，岩倉使節団が派遣されたが失敗。近代化政策を進めたことで，諸外国が日本のことを認め，不平等条約の改正に応じるようになった。

(5)日本は，日清戦争の後，遼東半島を手に入れたが，ロシア，フランス，ドイツの三国干渉により遼東半島を清に返還した。一方，イギリスとの間で，対ロシアを目的に同盟を結んだ。「ロシアに対抗する」という点がポイント。

2 (1)日本の殖産興業政策の一つとして，外国人技師などを招いてつくられた。日本の主な輸出品だった生糸の生産を行った。

(3)文明開化とは，明治時代になってから，日常生活などが西洋化したこと。街灯にランプやガス灯がつけられ，馬車が走り，洋服の人が現れるようになった。それまで日本になかった牛肉を食べる習慣も広がった。太陽暦が採用された。

---

1 右の年表を見て，次の各問いに答えなさい。　4点×9（36点）

(1) **A**について，次の文の①～③にあてはまるほうの語句を選びなさい。
　①（ **ア** ）②（ **イ** ）③（ **イ** ）
　土地の所有者に
　①{ ア 地券　イ 検地帳 }を発行し，
　地価の②{ ア 30　イ ３ }％を
　③{ ア 稲　イ 現金 }で納めさせる
　ことで，税収が安定した。

(2) **B**の期間のできごとを古い順に並べたとき，４番目になるものを，次から１つ選びなさい。
　（ **ウ** ）

　ア　内閣制度ができる。　イ　板垣退助が民撰議院設立の建白書を提出する。
　ウ　大日本帝国憲法が定められる。　エ　国会開設の勅諭が出される。

(3) **C・G**について，次の文の□□□にあてはまる語句を答えなさい。
　C　外務大臣の陸奥宗光が□□□の撤廃に成功した。　C（ 領事裁判権(治外法権) ）
　G　外務大臣の小村寿太郎が□□□の完全回復に成功した。　G（ 関税自主権 ）

(4) **D・F**の戦争の講和条約をそれぞれ答えなさい。
　D（ 下関条約 ）　F（ ポーツマス条約 ）

(5) **E**について，この同盟が結ばれた理由を，日本の立場から簡単に答えなさい。
　（ （例）イギリスと結んで，ロシアに対抗するため。 ）

年	主なできごと
1868	五箇条の御誓文が出される
1873	地租改正が行われる……………A
	⇕ B
1890	第一回帝国議会が開かれる
1894	不平等条約の改正に成功………C
	日清戦争が起こる………………D
1902	日英同盟が結ばれる……………E
1904	日露戦争が起こる………………F
1910	韓国併合
1911	不平等条約の改正に成功………G

2 右の資料を見て，次の各問いに答えなさい。　5点×4（20点）

(1) 右の1872年に操業を開始した官営模範工場を何といいますか。　（ 富岡製糸場 ）

(2) 明治政府が行った，右の工場の建設など経済発展の基礎となる政策を何といいますか。　（ 殖産興業 ）

(3) 文明開化で見られたものを，次から２つ選びなさい。　（ イ ）（ エ ）

　ア　太陰暦が採用された。　イ　牛肉を食べる習慣が広まった。
　ウ　国教として仏教が採用された。　エ　街灯にランプやガス灯が付けられた。

実力アップ！

明治の三大改革
徴兵令…欧米に負けない軍隊をつくる。
学制…６歳以上の男女に義務教育。
地租改正…税制の改革→政府の財政の安定。

③ ⑮第一次世界大戦　⑯ベルサイユ条約　⑰国際連盟　⑱原敬　⑲普通選挙法
④ ⑳ファシズム　㉑満州国　㉒太平洋戦争　㉓ポツダム宣言
⑤ ㉔冷戦　㉕国際連合　㉖高度経済成長

---

3 右の年表を見て，次の各問いに答えなさい。　　　　　4点×7（28点）

(1) **A**の騒動の原因と結果を，次からそれぞれ選びなさい。原因（　イ　）結果（　エ　）
　ア　普通選挙法が定められた。
　イ　米の値段が大幅に上がった。
　ウ　景気がよくなった。
　エ　原敬の本格的な政党内閣が成立した。

(2) **B**について，このころの，①アメリカ，②イギリス，③ドイツの様子を，次からそれぞれ選びなさい。
　①（　イ　）②（　ア　）③（　エ　）
　ア　ブロック経済とよばれる経済圏をつくった。
　イ　公共事業を増やして，失業者を減らした。
　ウ　5か年計画とよばれる計画経済を行った。
　エ　ファシズムとよばれる考えが広まった。

(3) 講和条約として結ばれた，　**D**　にあてはまる条約名を答えなさい。
　（　サンフランシスコ平和条約　）

(4) **E**の期間に起こったできごととして，あてはまるものを，次から1つ選びなさい。
　ア　国際連合への加盟をはたした。　イ　阪神・淡路大震災が起こった。（　ア　）
　ウ　日本国憲法が制定された。　エ　バブル経済による好景気になった。

年	主なできごと
1914	第一次世界大戦が起こる
1918	米騒動が起こる……………A
1929	世界恐慌が起こる…………B
1931	満州事変が起こる…………C
1941	太平洋戦争が起こる
1945	ポツダム宣言を受け入れ降伏する
1951	**D** を結び，独立を回復する
	⬍E
1973	石油危機が起こる
2011	東日本大震災が起こる

4 右の資料を見て，次の各問いに答えなさい。　　　　　4点×4（16点）

(1) 世界が2つの陣営にわかれ，厳しく対立したことを，何といいますか。　（　冷たい戦争（冷戦）　）

(2) 地図中の，①資本主義陣営（西側）の中心となった**X**，②共産主義陣営（東側）の中心となった**Y**の国名を答えなさい。
　①（　アメリカ（アメリカ合衆国）　）
　②（　ソ連（ソビエト連邦）　）

(3) 地図中の**Z**は，国が東西に分裂し，ベルリンの壁が築かれていましたが，1989年に市民によって壁がこわされました。**Z**の国名を答えなさい。
　（　ドイツ　）

世界の東西陣営の対立
■ Xとその同盟国
□ 他の資本主義諸国
■ Yとその同盟国
□ 他の共産主義諸国
（1955年）

実力アップ！

日清戦争（講和条約→下関条約）
日露戦争（講和条約→ポーツマス条約）…列強になる。
第一次世界大戦…日英同盟で参戦。
満州事変→満州国建国→盧溝橋事件→日中戦争
第二次世界大戦→太平洋戦争→降伏

---

3 (1)📖**参考** 米騒動は，シベリア出兵を見こした米商人が米を買い占めたため米価が上がり，富山県の主婦が米の安売りを求めたことから，全国に広がった。この騒動の責任をとって，寺内正毅内閣が総辞職して原敬内閣が成立した。

(2)⚠**注意**①アメリカはローズベルト大統領が公共事業などを増やすニューディール（新規巻き直し）を行った。②イギリスやフランスなどの植民地の多い国は，自国と植民地以外からの貿易品に高い関税をかけてそれ以外の国の商品をしめ出すブロック経済を行った。③ドイツやイタリアではファシズムが広がった。

(4)日本の国際連合の加盟に，国際連合の常任理事国であるソ連が反対していたため実現できなかったが，1956年に日ソ共同宣言が出され，国交が回復したことから，ソ連が賛成にまわり，実現した。

4 (3)ドイツのベルリンには東西の行き来ができないように高い壁がつくられていた。このベルリンの壁は冷戦の象徴といわれた。1989年にベルリンの壁が崩壊し，マルタ会談で冷戦の終結が宣言された。1990年には東西ドイツが統一された。

8日間 ふりかえりシート

このテキストで学習したことを，❶〜❸の順番でふりかえろう。

❶ 各単元の 問題を解こう の得点をグラフにしてみよう。
❷ 得点をぬったらふりかえりコメントを書いて，復習が必要な単元は復習の予定を立てよう。
　復習が終わったら，実際に復習した日を記入しよう。
❸ すべて終わったら，これから始まる受験に向けて，課題を整理しておこう。

❶ 得点を確認する

			0 10 20 30 40 50 60 70 80 90 100
1日目	学習日 /	世界と日本のすがた・人々の生活	
2日目	学習日 /	世界の諸地域	
3日目	学習日 /	地形図・日本の特色	
4日目	学習日 /	日本の地方	
5日目	学習日 /	人類のはじまり〜古代	
6日目	学習日 /	中世（鎌倉時代〜安土桃山時代）	
7日目	学習日 /	近世（江戸時代）	
8日目	学習日 /	近代〜現代（明治時代〜）	

0点〜50点	51点〜75点	76点〜100点
／ファイト！	／もう少し！	／合格◎

▶ 得点と課題

0点〜50点 復習しよう！　まだまだ得点アップできる単元です。「要点を確認しよう」を読むことで知識を再確認しましょう。確認ができたらもう一度「問題を解こう」に取り組んでみましょう。

51点〜75点 もう少し！　問題を解く力はあります。不得意な内容を集中的に学習することで，さらに実力がアップするでしょう。

76点〜100点 合格◎　問題がよく解けています。「要点を確認しよう」を読み返して，さらなる知識の定着を図りましょう。

ふりかえりコメント	復習予定日	復習日	点数	
苦手意識あり。攻略のキーワードを確認して，もう一度「問題を解こう」を解く!	6月10日	6月13日	90/100点	1日目
				2日目

② ふりかえる

ふりかえりコメント	復習予定日	復習日	点数	
	月　日	月　日	/100点	1日目
	月　日	月　日	/100点	2日目
	月　日	月　日	/100点	3日目
	月　日	月　日	/100点	4日目
	月　日	月　日	/100点	5日目
	月　日	月　日	/100点	6日目
	月　日	月　日	/100点	7日目
	月　日	月　日	/100点	8日目

③ 受験に向けて，課題を整理する

受験勉強で意識すること

-
-
-
-

自分の課題を
はっきりさせて
勉強しよう!

地理と歴史
どっちから
始めようかな。